인 성 도
지능이다

인 성 도
지능이다

신수림 지음

나는 착하게 살았는데 내 인생은 왜 이 모양일까?

프롤로그

지난 스무 살 별똥별이 떨어지던 밤이 떠오른다. 대학 동기들과 함께했었던 여름 캠프에서, 별똥별이 떨어지던 찰나에, 후다닥 본능적으로 두 손을 모으고 소원을 빌었던 기억이 있다. 그런데 하필 생각할 겨를 없이 본능적으로 빌었던 소원이… "착하게 살게 해주세요!" 20대 초반 나이에 많고 많은 것 중 하필 이런 소원을 빌다니… 아뿔싸 했지만 찰나에 빌어야 했던 소원이니 이미 지나간 걸 뒤로 미룰 수도 없는 노릇이다. 그때는 친구들이 "무슨 소원 빌었어?"라는 질문에 왠지 솔직히 말하면 놀림을 당할 것 같아서 침묵을 지켰다. 그냥 부끄럽고 하필 이런 소원을 빈 내가 원망스럽기까지 했다. 그런데 그때 별똥별 소원이 이뤄진 것일까? 20여 년이 지난 지금 인성교육을 담당하는 교수가 되어 있으니 말이다.

지금의 나는 착함, 좋은 사람이라는 단어에 매우 매력을 느끼고 있다. 그리스 철학자 아리스토텔레스의 힘을 빌려 설명하자면 그도 인생의 진정한 행복은 에우다이모니아(eudaimonia)에 이르는 길이라고 했기 때문이다. 에우다이모니아(eudaimonia)는 그리스어로 행복이란 뜻이기도 하고 어원을 보면 '좋은'이란 뜻의 '에우(eu)'와 영혼이란 뜻의 '다이몬(daimon)'이 합쳐진 '좋은 영혼'이란 의미를 갖고 있다. 눈에 보이는 육체를 넘어 정신, 생각, 마음을 아우르는 영혼이 좋아야 결국 행복한 삶이 된다는 것이다. 즉, 선한 인간으로 살며 자신의 능력을 발휘하여 성취하는 것이 진정한 행복이라는 의미다.

철없던 대학생이 얼떨결에 빌었던 소원이지만 돌이켜보니 얼마나 거룩한 기도를 한 것인가? 그 당시 스무 살 대학생인 내게는 정말 어이없게 여겨졌던 소원일는지 모르지만 세월이 지난 지금, "당신은 정말 따뜻하고 좋은 영혼을 가진 사람이네요~"라는 칭찬만큼 값진 찬사가 또 있을까?

그러나 요즘같이 각박하고 경쟁이 치열한 현대사회에 "착하다" 혹은 "좋은 사람"이라는 것은 칭찬인지 욕인지 분간이 힘들 정도로 가치를 인정받지 못하고 있는 것 같다. 하물며 성과가 낮은 직원을 질책할 때, "실력이 없으면 착하기라도 하든가…?", "사람은 참 좋은데… 쯧쯧~"라고 구박을 하거나 무시하기도 한다. 그런데 과연 "착하다"라는 단어가 이토록 푸대접을 받아도 되는 것일까?

우리는 흔히 인성이 좋다는 것을 착한 마음씨로만 생각하는 경우가 있다. 게다가 많은 사람들이 "넌 왜 이렇게 인성이 나쁘냐?"라는 질책을 대수롭지 않게 생각하는 경향이 있다. 한편 기업에서 인재를 채용할 때 다른 건 다 와서 배우면 되니까 인성만 잘 갖춘 학생으로 추천해 달라는 것이 기업 인사담당자들의 주장이다. 인성이 중요하지만 가르칠 수 없는 것으로 치부하고 인성교육은 형식적인 교육에 그쳐 있는 것이 현실이다.

그러나 인성은 역량이며 행복하고 성공적인 삶의 원동력이 되는 지능이다. 그것도 매우 중요한 지능이다. "너는 왜 이렇게 인성이 나쁘냐?"라는 질책에는 대수롭지 않게 생각하던 사람들도 "너는 왜 이렇게 머리가 나쁘냐?"라는 질책을 받게 되면 수치심에 사로잡히게 된다. 머리 나쁘다는 소리는 그 누구도 듣고 싶어 하지 않기 때문이다. 이 책에서는 인성이 지능임을 논리적으로 설명하려고 한다. 그러나 인성지능은 타고나는 것이 아닌 대중적인 지능으로 얼마든지 개발되고 향상될 수 있다.

인성이 좋다는 소리를 듣기 위해, 성질을 죽이고, 자신의 욕망을 감추는 것 역시 바람직하지 않다. 그건 좋은 인성에 대해 잘못 알고 있는 것이다. 인성지능은 사람들과 조화를 이루며 자신의 잠재력을 최대한 발휘할 수 있도록 하는 삶의 행복과 성공에 중요한 역할을 하는 종합적인 지능이다. 인성지능이 높다는 것은 바보같은 어리석은 착함이 아니라 똑똑한 착함이다. 똑똑한 착함을 지녔다는 것은 나와 우리가 함께 잘 살아가는 선택을 할 줄 아는 현명함을 의미한다. 내가 행복해야 나와 함께하는 사람들도 행복할 수 있고, 나와 함께하는 사람들이 행복해야 내가 행복할 수 있기 때문이다.

착한 사람들이 행복하게 잘 먹고 잘 사는 세상! 상상만 해도 기분이 좋다. 행복하고 성공하고 싶다면, 어떤 태도와 행동을 해야하는 걸까? 나는 그 해답이 인성지능에 있다고 본다.

이 책의 주요 내용은 다음과 같다. 총 5장으로 구성되며, 제1장은 인성도 실력이다, 제2장은 세계적 대가, 그들이 찾아낸 것은, 제3장은 인성지능 수준, 제4장은 이런저런 인성 천재들, 제5장은 인성 천재 도전기(실천 편)로 구성된다.

제1장에서는 인성 그리고 지능에 대한 사람들의 오해와 편견으로 시작한다. 예로 인성은 가르쳐도 그만 안 가르쳐도 그만이라는 점이나 지능은 타고나는 것으로 좋아질 수 없다는 점이다. 그러나 인성지능은 얼마든지 개발되고 향상될 수 있다. 그러기 위해서는 인성지능이 무엇인지? 인성지능이 높은 사람들에게는 어떤 특징이 있는지? 이론적으로 탄탄하게 무장해 보자.

제2장에서는 우리가 익히 알고 있는 유명한 세계적 천재들이 이구동성 궁극적으로 인성지능에 대해 주장했다는 사실이다. 인간의 욕구에 대해 연구한 매슬로우도, 다중지능을 개발한 하워드 가드너도, 성공적 습관을 주장한 스티븐 코비도 결국 인간의 행복과 성공을 위해서는 인성지능을 강조했다. 놀랍게도 그들은 각기 다른 시기에 심리학자로서 교육학자로서 자기개발 분야 컨설턴트이자 베스트셀러 저자로서 각자의 분야에서 인성지능이 행복과 성공의 핵심이라고 주장했다는 사실이다. 세계적 대가인 그들의 연구가 무르익어 갈수록 공통적으로 뒤늦게 주장한 것이 인성지능이라는 사실이 놀랍지 않은가?

제3장은 그렇다면 인성지능이 높고 낮음을 어떻게 구분할 수 있을까? 인성지능을 향상하기 위해서는 인성지능을 측정할 수도 있어야 하며, 그 수준을 토대로 더 좋은 방향으로 개선하고 향상해 나갈 수 있어야 한다. 인성지능 수준을 감정의 에너지 수준과 내 안의 의

식과 무의식의 심리적 접근, 뇌와 호르몬 분비를 통한 신체적 변화와 연계하여 인성지능 수준을 설명해 보고자 한다.

제4장은 인성지능이 높은 인성 천재들을 소개하고자 한다. 우리가 잘 알고 있는 세계적으로 유명한 인물들, 똑같은 천재적 재능을 가지고 있지만 다른 삶을 살아간 역사적 인물들, 영화와 디즈니 속 멋진 주인공들, 우리 동네 작은 영웅까지 인물 스토리를 통해 인성 천재 그들의 모습을 엿보도록 하겠다.

제5장은 그렇다면 이제 나도 인성 천재에 도전해 보는 실천 편을 소개하고자 한다. 일상에서 실천할 수 있는 방법들을 익히고 실천해 보자. 인성지능을 높이는 방법이 생각보다 간단하다는 사실에 놀랄 것이다. 그러나 어떤 것이든 꾸준한 실천이 밑받침되어야 한다는 사실을 잊지 말자.

혹시 당신이 나는 착하게 살았는데 내 인생이 왜 이 모양일까? 하고 한탄을 하고 있다면 인성지능을 높여보자. 당신 자녀가 머리는 좋은데 좀비처럼 지내고 있다면 무엇보다 인성지능을 높여주자. 당신의 학생을 올곧은 학생으로 성장시키기 위해서는 인성지능을 높여야 한다. 주변에서 똑똑하지만 불행하고 잘못된 삶을 살아가는 사람들을 우리는 너무 많이 봐왔다. 나의 재능을 더 값지게, 지금 이 순간을 행복하고 의미 있게, 나 그리고 너, 우리를 함께 생각할 수 있는 삶을 원한다면 인성지능에서 답을 찾아보기 바란다.

목차

05 인성 천재
도전기(실천 편)

Chapter 01

인성도 실력이다

이
≋
인성에 대한 오해와 편견

■ "실력이 없으면 인성이라도 좋든가…?"

 "실력이 없으면 인성이라도 좋아야 하는 거 아냐~~, 답답해서 원~~" 혹은 "저 녀석은 착하긴 한데, 머리가 돌대가리야~~" 라는 평가를 나도 모르게 혹은 대놓고 아랫사람 혹은 주변인들에게 하고 있지는 않은지 모르겠다. 인성과 지능이 마치 별개이고 반대인 것처럼 말이다. 그러나 착한 사람은 마치 능력이 없는 것으로 여기는 문화가 팽배한 것은 참 애석한 일이 아닐 수 없다.

 그러나 인성이 좋다는 것은 흔히 마음씨가 착한 것만을 의미한다고 생각하지만, 좀 더 면밀히 생각해 보면 인성이 좋다는 것은 실력이고, 지능이며, 바로 능력이다. 조벽의 『인성이 실력이다』라는 저서에서도 인성은 성격이 아니라 실력이라고 주장하고 있다. 하워드 가드너의 『다중지능』(Multiful Intelligence)』이라는 저서와 그의 논문에서도 이미 소개된 8개의 지능(언어지능, 논리수학지능,

음악지능, 신체운동지능, 공간지각 지능, 인간친화지능, 개인이해지능, 자연지능)에 이어 제9의 지능인 영성실존지능(Spiritual Existential Intelligence)을 새롭게 발표하였다. 하워드 가드너의 다중지능 중 영성실존지능과 개인이해지능(Intrapersonal Intelligence)은 인성과 관련된 지능으로 보고 있다. **제9의 지능과 개인이해지능은 자신이 하고자 하는 일의 의미와 가치를 발견하고, 자신이 해야 할 일을 올바르게 최선을 다해 할 수 있는 행동을 유도하는 지능이다.** 자신의 삶을 행복하고 성공적으로 가꾸어 나가는 데 매우 필요한 지능인 것이다.

즉, 인성지능은 단순히 타고난 착한 마음씨가 아니다. 인성을 성향이나 타고남이 아닌 역량이라는 관점에서 볼 때, **인성지능은 노력을 통해 얼마든지 좋게 향상되고 개선될 수 있기 때문이다. 좋은 습관을 만들고 지속적으로 행함으로써 바르고 건강한 삶을 살아갈 수 있도록 하는 것이 바로 인성지능이다.**

■ "인성교육은 해도 그만 안 해도 그만!"

인성교육은 해도 그만 안 해도 그만이라는 생각을 솔직히 안 해본 사람이 있을까? 인성교육 하면 학창 시절 도덕 시간이나 윤리 시간을 떠올리게 되고 마치 뻔한 내용, 열심히 공부하지 않아도 되는 수업 시간으로 인식되어 있는 현실을 부정만 할 수는 없다. 어쩌면, 아니 솔직히 "인성이 공부한다고 될 일이야?"라는 의심과 회의가 마음속 저변에 깔려 있는 것이 당연한 것일지도 모른다.

그럼에도 인성은 지능이요, 실력이요, 능력이라고 주장하는 데는 이유가 있다. 요즘 공부를 잘한다고 취업이 잘되는 시대도 아니고, 취업이 되었다고 성공했다고도 할 수 없는 다채로운 현대사회에서 나라는 주체성을 잃지 않고 나답게 살아가는 것이 더 중요한 시대다. 인성지능은 있어도 없어도 그만인 지능이 아니라, 행복한 성공을 위해서는 필수적으로 갖춰야 할 지능이 되었다. 인성지능을 높이는 것이 지금 당장 영어 단어를 잘 외우는 것보다, 미적분을 잘 풀어내는 것보다, 취업을 위한 자격증을 취득하는 것보다 더 큰 영향력이 있다는 것을 이해하게 된다면, 오히려 열성적으로 인성지능 향상을 위해 남몰래 공부할런지도 모른다. 우리모두는 누구나 보란듯이 잘 살고 싶은 욕구가 있으니까 말이다.

쉽게 도덕성을 생각해 보자. 인성이 좋다는 것은 도덕성이 높다는 것과 유사한 것이기 때문에, 도덕성을 잘 발휘하는 사람들이 어떤 사람들인지 생각해 보면 이해가 쉽다. 도덕성을 잘 발휘하는 사람은 사회적 상황에 맞는 올바른 가치 체계를 가지고 인격적으로 행위를 하는 사람이다. 어떤 일의 성과를 역량의 결과라고 볼 때, 그 결과는 그 일을 하는 의도와 행위의 결과다. 도덕성이라는 결과도 마찬가지다.

우리는 보편적으로 어떤 사람에게 호감을 갖는가? 예로 조직에서 함께하는 봉사활동을 생각해 보자. 쓰레기 줍는 봉사나 양로원이나 고아원에 가서 어르신들이나 아이들을 돌보는 봉사에서 사진만 찍고 점심만 먹고 오는 사람에 대한 이미지는 어떠한가? 단체활동이니 어쩔 수 없이 참여한 것이라 하더라도 이왕 참석한 것이니 마음을 다해 봉사활동을 하는 사람이 있는가 하면 얌체같이 자기 실속만 차리는 사람도 있다. 말로만 혹은 보여주기식 언행을 하는 사람보다 작은 행동이지만 누가 지켜보든 안 하든 자기 할 일을 소리 없이 해내는 사람에게 마음이 가는 것은 당연하다. 그리고 내가 호감을 느끼고 있는 사람은 결국 언젠가 다시 새로운 인연이 되고 기회를 만들게 될 확률이 높다. 우리는 호감 가는 사람과 일하고 싶고 함께 있고 싶기 때문이다. 작은 선한 행동으로 인해 인생의 결과는 어마어마하게 달라질 수도 있는 것이다.

군이 말을 하지 않아도 얌체족, 기회주의자, 안하무인, 거짓말쟁이, 수다쟁이, 부정주의자와 같은 사람은 당신을 언짢게 만들 것이 뻔하다. 왜냐면 이들은 순간의 이익과 편리함에 의해, 전체보다 자신만을 위한 언행을 하는 사람이기 때문이다. 우리는 이런 사람과 지속적 관계를 맺고 싶지가 않다. 이처럼 내가 누군가에게 느끼는 비호감은 결국 그 누군가와의 인연을 차단하는 데 집중하게 되기 때문에 새로운 기회나 인연이 생길 확률은 희박해진다. 왜냐면 우리는 호감 가는 사람과 일하고 싶고 함께 있고 싶기 때문이다.

인성교육을 잘 받은 사람이라면 인간의 본능대로 움직이기 이전에 다소 힘들고 불편하더라도 상황에 맞게 행동함으로써 주변의 신뢰를 얻게 되고, 이 신뢰는 새로운 인연을 만들고 좋은 관계로 발전하고 지속시키는 행운의 자산이 된다. 나를 둘러싼 환경이 어떤 곳이든 인성교육을 제대로 받을 수 있는 곳에 당신이 속해 있다면, 당신은 행복한 성공을 향해 살아가는 방법을 배우고 있는 것이기에 당신이 속한 가정과 학교 혹은 직장에 감사해야 할 일이다.

이 책의 저자 Krumboltz는 미국 캘리포니아 스탠포드대학의 직업심리학 교수이다. 그는 성공한 사람들 대부분은 우연이 불러오는 행운에 의한 결과라고 주장하고 있다. 이 책에서는 우연을 행운의 기회로 만든 다양한 사례를 담고있다.

---

* John D. Krumboltz & Al S. Levin(2004), 『Luck is No Accident』, Impact Publishers.

02

≋

제9의 지능,
인성지능이란 무엇인가

■ **과연 IQ가 지능을 대표할 수 있을까?**

지능하면 보편적으로 우리는 아이큐(IQ)를 떠올린다. IQ가 높으면 지능이 높은 것으로 간주해 왔다. 그러나 IQ검사는 문제해결 과정을 보지 않고 단순히 정답 여부에만 초점을 맞추고 있다. 또한 IQ검사에 나오는 과제들은 명백하게 사소한 것들이고 서로 연관성도 없는 것들이 대부분이다. 게다가 IQ검사에서 주어진 과제들은 일상생활과 동떨어져 있다. 형식적으로 지능검사의 문항에 정확하게 답하는 능력을 지능으로 정의할 수 있을지 의문이다. 현재에도 지능검사는 주로 언어능력, 논리수학능력, 공간지각능력 일부를 다루고 있다. 하워드 가드너는 IQ검사가 지능을 대변하는 것에 반기를 들고 더 다양한 지능이 있음을 주장했다. **정확한 정답을 맞히는 것보다 다가오는 현실적인 문제를 해결하거나 최소한 하나의 문화에서 가치 있는 것을 구성해 내는 역량, 다양**

한 개인들의 지능을 혼합하여 이용할 수 있는 지능이 더 가치 있다고 하였다.

러시아의 심리학자 비고츠키도 IQ검사는 개인의 잠재발달 영역을 설명하는 데 실패했다고 했다. 두 명이 동일한 IQ를 가지고 있지만 한 사람은 지적 능력 면에서 폭발적인 성취를 해낼 수 있지만 다른 한 사람은 지능 수준과 비슷한 정도의 성취만 이루기도 한다. 그러니 어떻게 IQ가 인간 지능을 측정하는 정확한 검사가 될 수 있겠는가?

IQ검사가 인간의 지능을 대표할 수 없음에 반기를 든 대표적 교육학자 하워드 가드너는 인간에게는 다중지능이 있다고 하였다. 그중 인성지능을 제9의 지능으로 그의 저서 『다중지능(Multiful Intelligence)』에서 소개하고 있다. 즉, **인성지능은 삶의 근본적인 의미를 추구하는 지능으로 스스로에게 "나는 내가 가진 지식이나 경험을 가지고 어떻게 살아가야 할 것인가?", "어떤 일을 하는 것이 행복한가?", "나는 왜 여기에 있는 것일까?", "내 삶을 더 좋게 만들려면 무엇을 해야만 하지?"라는 질문을 던지고 스스로 답을 찾으려는 지능이다.** 하워드 가드너의 다중지능개념 모델을 활용하여 인간의 기본 지능을 신체지능, 지적지능, 감성지능, 인성지능으로 단순화하여 구분하기도 하였다(<그림 1> 참조). 신체지능은 가장 기본이 되는 지능으로 신체활동이 가능하도록 해주는 지능이다. 지적지능은 20세기 초반에 각광받은 지능으로 논리적이고 합리적으로 사고할 수 있는 능력이며, 감성지능은 지적지능을 더욱 효과적으로 활용하는 데 필수적인 지능으로 다른 사람들과 성공적으로 소통할 수 있도록 하는 능력이다.

인성지능은 위 세 지능을 통합하고 안내하는 역할을 하는 지능으로 가장 상위 개념의 고차원적 지능이다. 의미와 가치를 추구하는 지능이며 유연성, 창의성, 자발성이 요구될 때 필요한 지능이다.

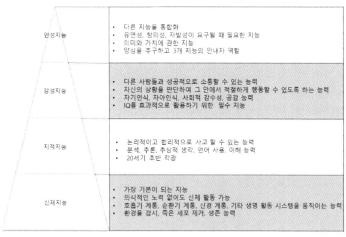

〈그림 1〉 인간의 4가지 지능*

---

* 출처: Wigglesworth(2002, 2011), Spiritual Intelligence and why it matters; Wigglesworth(2006), Why spiritual intelligence is essential to mature leadership; Covey(2013), The 8th habit: From effectiveness to greatness; 김복영(2000), 「또 하나의 지능, SQ-영성지능」 이론을 참조하여 저자 재구성.

따라서 인성지능 관점에서 능력이 있다는 것은 올곧은 인간성을 토대로 똑똑한 행동을 할 수 있도록 하는 지능이라 볼 수 있다. 인성지능은 똑똑한 삶을 살게 해주는 지능이면서, 자신의 다른 지능을 활용하여 최대한의 자신의 역량을 끌어내어 나다운 삶을 살아가게 해주는 고마운 지능이다.

◆ 평생 살면서 뇌의 10%도 쓰지 못한 채…

특히나 이 시대가 인간에게 요구하는 지적 능력은 문제를 창조하고 발견함으로써 새로운 지식 습득의 기초가 될 수 있는 가능성을 포함할 수 있어야 한다고 생각한다. 인간의 두뇌는 평생 살면서 사용하지 않는 부분이 무려 90% 정도라고 하지 않는가?

인간의 뇌는 무궁무진한 잠재력을 가지고 있지만 우리 인간은 그중 아주 작은 부분, 뇌의 경우는 1% 이하에 의지하며 살아가고 있는 것이다. 그러나 내 안에 어마어마한 힘이 내재되어 있음을 알고 있는 것과 그렇지 않은 것은 큰 차이가 있다. 예로, 지금 당장 나의 지갑속에는 10만 원밖에 없지만 내 통장 잔고에는 수백억 원이 들어 있다고 생각해 보라. 어깨에 힘이 들어가고, 내가 원하는 것은 뭐든지 할 수 있다는 자신감이 붙기 때문에 기분이 절로 좋아질 것이다. 인간의 지능도 마찬가지다. 당장의 나의 주머니 속 돈을 볼 게 아니라 눈에 보이지는 않지만 든든한 수백억 원의 통장 잔고를 보듯이 나의 뇌에도 무궁무진한 잠재력이 있음을 상상해 보라. 측정 가능한 IQ가 나의 호주머니 속의 눈에 보이는 현찰이라면, 인성지능은 통장 잔고의 수백억 원처럼 눈에 보이지 않지만 엄청난 잠재력을 내포하고 있다. 인간의 의식이 눈에 보이는 빙산의 일각이라면, 무의식과 잠재의식은 사실상 빙산의 진짜 모습인 것과 마찬가지다. IQ가 눈에 보이는 지능이라면 인성지능은 내면의 지능으로 진짜 지능에 해당된다(<그림 2> 참조).

〈그림 2〉 보이는 지능(IQ) vs. 진짜 지능(인성지능)

■ 인성지능의 또 다른 이름

인성지능의 개념은 다양한 학자들의 문헌에서 영성지능(Spiritual Intelligence) 혹은 실존지능(Existential Intelligence), 철학지능(Philosophical

Intelligence), 윤리지능(Ethical Intelligence) 등으로 혼용되어 사용되고 있다. 그러나 공통적으로 **내면의 양심의 목소리에 귀를 기울이고, 삶의 의미와 가치를 추구하며, 다른 지능을 종합적으로 총괄하는 지능이라는 점에서 결국 같은 개념이라 볼 수 있다.**

웹스터 사전에서도 영(靈)은 생명을 주는 내재된 능력으로 영성지능이라는 것은 자기의 깊은 부분에 존재하는 지능으로 정의된다. 또한 아리스토텔레스가 인류 공통 목표인 도덕성을 갖추는 것이 바로 행복한 삶이고 이를 '에우다이모니아(eudaimonia)'라 하는데, '에우다이모니아(eudaimonia)'의 어원을 살펴보면, '에우(eu)'와 영혼이란 뜻의 '다이몬(daimon)'이 합쳐진 것으로 좋은 영혼이라는 의미임을 알 수 있다.

그런데 우려스러운 것은 제9의 지능을 주장한 하워드 가드너를 포함한 많은 학자들이 영성지능을 마치 종교적 개념으로 해석하고 한정하려는 것이다. 영성지능이라는 용어를 처음 창시한 정신과 의사 조나(Danah Zohar)와 마샬(Ian Marshal)(2001)도 **영성지능이 종교영성과는 구분되는 개념으로서, 영성지능은 높지만 종교적 믿음이 없을 수 있고, 종교적이지만 영성지능은 낮을 수 있다고 하였다.**

이처럼 인성지능은 다양한 학자들에 의해 영성지능, 철학지능, 윤리지능, 도덕지능, 실존지능 등으로 불리기도 하지만 종교와는 무관하며, 오히려 종교를 초월한 지능이라고 볼 수 있다.

〈표 1〉 학자별 인성지능의 정의 및 특징

학자(연도)	인성지능의 정의 및 특징
Donah Zohar & Ian Marshal(2001)	12가지 속성 제시 - 자각, 자발성, 비전과 가치와 인도, 홀리즘, 자비, 다양성 존중, 독립성, 겸손, 근본적인 질문 묻는 성향, 재구조화하는 능력, 역경을 긍정적으로 활용, 소명의식
H. Gardner(2006)	의미와 가치 중심으로 문제를 해결하는 지능으로 종교와는 무관
C. Wigglesworth(2002, 2006, 2011)	다른 지능을 통합하는 지능으로, 양심을 추구하고, 의미와 가치를 추구, 유연성, 창의성, 자발성이 요구될 때 필요한 지능
Stephen Covey(2013)	인간의 특성은 신체, 지성, 감성, 영성 4가지 요소로 구성
D. Hawkins(2011)	종교보다 더 포괄적 개념의 지능
Weinstein. B.(2012)	대중적 개념으로 똑똑한 삶을 살아갈 수 있도록 하는 지능. 올곧은 인간성을 갖추는 데 필수적인 요소
조벽(2016)	인성은 성격이 아니라 실력. 자기조율, 관계조율, 공익조율 단계로 구분
윤홍식(2016)	양심을 따르는 지능
위키피디아	타고난 지능이라기보다 개발될 수 있는 지능으로 창의적이고 통찰력에 해당되는 능력

■ 내가 좋아하는 매력적인 사람들의 비밀

우리는 똑똑한 사람을 좋아한다. 아둔한 사람보다 똑똑한 사람에게 호감이 가는 것은 당연한 일이다. 학교에서는 미적분을 잘 풀고 영어 단어를 잘 외우는 공부 잘하는 학생이 상대적으로 교실 안에서는 똑똑해 보이겠지만 우리가 교실 안에 머무르는 시간은 인생에서 볼 때 그렇게 긴 시간은 아니다. 똑똑한 사람에게 끌리는 이유는 상대방에게 매력적으로 보일 수 있는 똑똑한 행동을 하기 때문일텐데, 그렇다면 우리가 매력을 느끼는 똑똑함이란 무엇일까?

똑똑한 행동이란 여러 가지 정의가 있겠지만 똑똑한 처신을 하기 때문이다. 다른 사람에게 피해를 주지 않고, 함께 있는 이들을 배려함으로써 기분 좋게 만드는 것도 좋은 처신에서 나온 것이다. 내가 생각하는 똑똑한 처신은 올곧은 인간미에서 나오는 행동이다. 주변의 시선과 평판에 움직이는 행동이라기보다는 내면의 올곧음이 행동으로 묻어나오는, 그래서 스스로가 기쁨에 차 있고 행복해하며 만족할 줄 아는 사람들이다. 누군가와 좋은 관계를 유지하고 싶다면, 그 사람이 좋아하는 행동을 하는 것보다 싫어하는 행동을 하지 않는 것이 더 중요하다는 말이 있듯이, 우리에게 지능이 있다면 다른 사람이 싫어하는 행동이 무엇인지 알고, 그 행동을 하지 않을 수 있는 판단을 할 줄 아는 지능이 필요한 것이다.

당신 주변에 당신이 좋아하는 인물 중 똑똑하다고 생각하는 인물을 떠올려보라. 그 사람의 매력이 어디에서 묻어나오고 있는지 알겠는가? 그 사람은 어떻게 저렇게 에너지가 넘쳐흐르고, 밝고, 친절하며, 진실하게 행동할 수 있는 것일까?

바로 인성지능에서 답을 찾아볼 수 있지 않을까 싶다. 정신과 의사인 조나(Danah Zohar)와 마샬(Ian Marshal)(2000)은 그들의 공동 저서 『SQ-Spiritual intelligence』에서 인성지능을 다음과 같이 정의하고 있다. 의미와 가치 중심으로 문제를 해결할 수 있는 지능이고, 우리의 행동과 삶을 더 넓고 깊게 의미를 부여하도록 하는 지능이며, 행동의 과정이나 삶의 여정에 더욱 큰 의미를 부여하는 지능이다. 궁극적으로 우리가 처한 상황에서 보다 창조적이고, 혁신적으로 대처할 수 있도록 하며, 꿈을 꾸고, 열망하고, 이해와 동정심 모두를 사용하고 제한할 수 있도록 하는 지능인 것이다.

삶을 다른 사람들과 더불어 풍요롭게 살아가도록 하는 지능, 이 지능은 다른 기초적 지능들을 컨트롤하고 통합함으로써 자신이 하고자 하는 일을 더 잘 해낼 수 있도록 돕는다. 나도 행복하고 내 주변에 있는 남도 웰빙의 삶을 살아가도록 돕는 지능이다. 자신의 인생에서 어떤 것이 되었든 의미를 발견하고 비전과 미래를 꿈꾸는 사람에게 밝은 에너지가 넘치는 것은 당연한 일이다.

■ 인성도 차곡차곡 쌓아야!"

덕이라는 인성 역량은 꾸준히 쌓아야 마땅하다. 돈을 꾸준히 우량기업에 투자하면 복리의 힘에 의해 오랜 시간 투자할수록 큰 돈으로 불어나듯이, 인성도 꾸준히 묵묵히 쌓아갈 때, 어느 날 계산하지 못했던 좋은 일이 내 삶에 펼쳐지게 된다. 아인슈타인도 복리야말로 인간의 가장 위대한 발명이라고 하지 않았는가? 예로

"거리에 떨어진 쓰레기는 주워야 한다"를 머리로 이해하는 지식보다 쓰레기를 직접 줍거나 아무곳에나 함부로 쓰레기를 버리지 않는 행동을 직접 하는 것에 더 의미가 있다. **크든 작든 내게 주어진 하루하루에서 덕을 쌓아가는 것은 눈에 보이지 않는 복리의 마법을 내 삶에 끌어들이는 셈이다. 장기투자가 결국은 부를 안겨주듯이, 인성도 차곡차곡 꾸준히 습관처럼 쌓아야 한다.**

수많은 고전과 위인전에서 우리는 다양한 성공 인생 스토리를 볼 수 있다. 그 수 많은 우여곡절과 배경은 숱하게 다양하지만, 인생의 성공 비결은 지나칠 정도로 간단하게 설명이 가능하다. 설명이 복잡하고 이해할 수 없는 것은 대체로 사기성이 있다는 말처럼, 인생의 성공 원리는 허무하리만치 간단하다. 좋은 인성을 적립식 장기투자 하듯이 꾸준히 쌓아가면 되는 것이다. 혹시 아는가? 복리의 마법이 내 인생에 더해지면서 예기치 못한 기적적인 멋진 삶이 덤으로 내게 찾아올런지…

03 인성지능이 높은
사람들의 특징

■ 스스로에게 던지는 질문의 힘

인성지능은 근본적으로 질문에서부터 시작할 수 있다. "나는 누구인가?" "내 삶을 더 좋게 만들려면 무엇을 해야만 하지?" "무엇이 옳은 것인지를 내가 어떻게 알 수 있을까?" 이런 질문을 스스로에게 던지고 답을 찾고자 노력하는 지능이 바로 인성지능이다. 이런 질문들은 부모가, 친구가, 선생님이 대신해 줄 수 없는 것으로 스스로에게 묻고 스스로 답을 찾는 과정 속에서 나온다.

유태인들에게 왜 성공한 부자가 많은지 이해가 가는가? 유태인의 자녀 교육법은 질문에 있다. 질문할 수 있는 질문력을 중요하게 가르친다. 질문에 답을 하며 공부하는 유태인의 학습법은 조용히 책상 앞에 앉아 암기 위주의 공부를 해야 하는 우리나라 모범생과는 거리가 멀다. 어떤 것을 제대로 이해하고 있는지 알려면, 어떤 질문을 하는지 들어보면 알 수 있다는 말처럼 나 스스로에게 인생에 대한 궁극적 질문을 던지는 것은 인생의 성공과 행복에 매우 중요한 질문이 아닐 수 없다.

지능이 있는 사람이라면 누구나 행복하고 성공한 삶을 살고 싶을 것이다. 행복하고 성공한 삶은 자신의 양심을 걸레짝처럼 짓밟고 자신이 무엇을 원하는지도 모른 채 남들이 싫어하는 행동을 거침없이 하면서 피해를 주는 사람의 모습은 최소한 아닐 것이다.

■ 어린아이같이 맑고 순수한 바보 같은 미소

우리 모두에게는 천사 같은 시절이 있었다. 내게는 그런 적이 단 한순간도 없었다고 혹시 말하고 싶은 사람이 있다면…, 인간 기억의 한계 때문이지 당신에게 그런 순간이 없었던 것은 결코 아니다. 아기일 때 사랑스러운 나의 모습이 기억이 잘 안 난다면 사실 대부분이 잘 안 나겠지만 주변 조카나 옆집 아기 혹시라도 자기 자녀가 있다면 그 아이의 모습을 보자. 아무리 화가 나도 기분이 울적해도 사랑스러운 아기 얼굴을 보고 있자면 우리는 나도 모르게 입꼬리를 잔뜩 올리고 미소를 지으며, "까꿍"을 남발하고 있는 나를 발견하게 된다. 세상의 때가 묻지 않은 순수한 아기에게서 우리는 세상의 모든 경계심을 내려놓고 사랑스러움에 빠져든다. 아기가 주는 순수한 사랑의 에너지는 참 대단하다.

이런저런 생각 돛단배

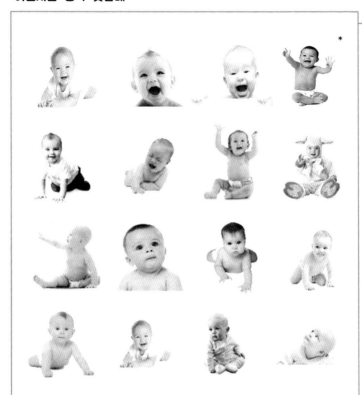

아가들의 웃는 모습 사진을 잠시 감상해 보는 여유를 가져볼까요?
혹시 입꼬리가 위로 올라가고 눈웃음을 짓고 있는 당신의 모습이 보이지
않나요?

* webiconspng.com. https://webiconspng.com/icon/category/people/baby

우리 모두는 이처럼 순수한 에너지와 사랑을 갖고 태어났다. **그러나 철이 들고 어른이 되어가면서 밥벌이를 하는 어른다움이 그 순수하고 귀여운 얼굴을 가려버린 것만 같다.** 진지한 어른다운 얼굴을 하고 있지 않으면 마치 입시 지옥, 취업 지옥, 밥벌이 지옥 등 이 지옥 같은 현실에서 혹시나 낙오자가 될까 하는 두려움이 있는지도 모르겠다. 언제부터인가 우리는 우리가 사는 나라 앞에 헬(hell)을 붙이기 시작했다. 지옥에서 이 정도면 그나마 다행이라고 생각하며, 그런 아슬아슬하고 참혹한 위로를 던지면서 헬(hell)조국에서 버티며 살아가는 어른들을 우리는 쉽게 주변에서 접한다. 그리고 마치 불안과 걱정 속에서 사는 것이 당연한 것이고 어른의 삶이 "다 그렇지 뭐~" 하며 애써 괜찮은 척하며 살아내고 있는지도 모르겠다.

그러나 아가들은 지옥에 갈 일이 없다. 설령 지옥이 있다 치더라도, 지옥에 가는 사람들은 상식적으로 다른 사람에게 피해를 끼치고 나쁜 행동을 하며 산 못된 사람들이 가는 곳이다. 아가들의 순수한 에너지와 사랑은 그 존재 자체만으로도 감격이며 기쁨이다. 지옥과 아기의 순수함은 너무 어울리지 않는다. **우리는 이런 고결하고 귀한 가치를 가지고 태어났음에도, 그 귀한 선물을 지키고 키워나가는 대신 반대의 선택을 하며 살아가는 경우가 많다. 걱정과 근심에 사로잡혀 있는 것은 어른다움이라기보다 어린아이 같은 평온하고 순수한 에너지와 거리가 멀어져 있음을 의미한다.** 될 일은 어떻게든 되게 되어 있다는 배짱, 그리고 걱정과 근심은 오히려 같은 진동 주파수의 유사한 걱정과 근심을 끌어오게 되는 양자학적 입장의 과학적 해석에 의해서도 걱정과 근심에 사로잡혀 있는 것은 도움이 되지 않는다.

세상에 대한 어떤 의심도 없이 "나는 존재 자체가 기쁨이고 사랑이다"라는 아기들의 미소에 담긴 순수한 배짱이야말로 인성지능 높은 사람들의 특징이다. 우리가 누군가에게 찾아가서 나의 이야기를 하고 싶은 사람은 나에 대한 어떤 편견과 저항 없이 들어주는 사람을 찾게 되는 것과 마찬가지 논리다. 자기 연민과 걱정 근심에 사로잡혀 있는 우울한 사람들을 일부러 찾아가서 나의 속얘기를 하지는 않는다. 오히려 대화를 하고나면 더 우울감이 심해질 것 같은 불길한 직감이 있기 때문이다. 자신이 가지고 있는 모습은 남을 통해 더 잘 보이는 법이기 때문에, 우울함으로 가득찬 사람은 다른 사람의 우울함을 귀신같이 찾아내게 되어 있다. 같은 진동의 주파수가 서로 반응하는 원리와 같다.

주변에 세상을 밝힌 인성 천재들의 얼굴을 들여다보면 쉽게 답을 얻을 것이다. 순수한 미소와 해맑은 얼굴은 주름 속에서도 세월의 거친 피부 속에서도 빛을 발한다는 것을 알 수 있다. 인성지능이 높은 사람들은 세상의 큰 영웅부터 내 주변의 작은 영웅까지 다양하다. 병든 사람을 위해 봉사하신 테레사 수녀의 온화한 미소를 떠올려보자. 화장기 없는 거칠고 굵은 주름 속에서도 그 미소는 세상에 무엇도 거침이 없어 보이는 어린아이 같은 어쩌면 바보처럼 보일 정도다. 어린아이들의 순수한 미소와 눈빛을 닮은

테레사 수녀의 얼굴을 보고 있으면, 아름다움을 넘어 고귀함이 느껴진다.

그리고 또 다른 인물 오드리 헵번에게 아름다운 배우라는 수식어가 붙는 이유는 뭘까? 당연히 오드리 헵번은 아름답다. 젊은 시절은 풋풋함까지 더해서 미모가 빛을 더하기 마련이다. 그러나 이 세상에 젊고 예쁘고 연기 잘하는 배우는 넘쳐난다. 그러나 아름다운이라는 수식어가 잘 어울리는 배우는 생각보다 많지 않다. 오드리 헵번은 젊은 시절보다 오히려 주름진 노년의 얼굴에서 사람들은 아름다움을 발견한다. 사랑을 실천하는 그녀의 삶에서 젊은 시절 이상의 인생의 아름다움을 그녀에게서 본다. **인성지능이 높은 사람들은 예쁜 화장과 젊음이 주는 미(美)보다 아기 같은 미소와 눈빛을 가진 사람들이다. 굵은 주름과 거친 피부도 빛나고 아름답게 보이게 하는 힘이 그들에겐 있다.**

모두가 아는 유명한 인물을 예로 들다 보니 주로 브라운관에서 접한 오드리 헵번이나 테레사 수녀 얘기를 꺼냈지만, 당신 가까이에 있는 당신이 사랑하는 사람의 얼굴을 들여다보자. 나의 사랑스러운 자녀, 배우자, 연인, 후배, 친구, 엄마, 동생, 제자, 스승 등 그들의 얼굴에서 무엇이 보이는가? 당신이 사랑하는 사람들에게서는 나이, 체격, 성별을 불문하고 아기 같은 사랑스러움이 느껴지지 않는가? 이런, 그래서 연인보고 "나의 베이비"라고 닭살 호칭을 붙이는 거 아닐까? 도적(여우)같이 생긴 당신의 애인이 너무나 귀엽고 사랑스러운 아기 같아 보이는 이유는 바로 사랑이다.

당신의 사랑이 도적(여우)같은 어떤 얼굴도 상관없이 마냥 귀여워 보이고 한없이 사랑스러워 보이게 한다.

인성 천재는 마음의 눈으로 세상을 보기 때문에⋯.

"사물은 바뀌지 않아. 단지 그것들을 바라보는 방식이 바뀔 뿐이야."

– 『초인수업』, 돈 주앙

---

* 카를로스 카스타네다 저, 김상훈 역(2014), 『초인수업』, 정신세계사.

■ 순수한 열정, 몰입-사는게 재미나고 신나요!

내가 좋아서 하는 일은 시간 가는지 모르고 할 때가 종종 있다. 살면서 누구나 마법의 시간을 가끔 경험하는데, 좋아하는 사람과 대화를 잠깐 나눈 것 같았는데, 3~4시간이 흘러간다든지, 좋아하는 게임을 하거나 책이나 영화를 보면서 밤을 꼴딱 지세우기도 한다. **우리는 우리가 좋아서 하는 일에 이유나 사명감과 같은 의미까지 부여하게 되면, 마법의 시간인 몰입이라는 것을 경험하게 된다. 외부와 차단된 채, 시간의 흐름도 느끼지 못하면서 어떤 것에 집중하는 것이 바로 몰입이다.**

대상이 사람이건 일이건 우리는 몰입을 하게 되면, 정신적으로 매우 행복하고 충만한 과정을 즐기게 되기 때문에, 결과에 연연하지 않았음에도 오히려 성과가 덩달아 잘 나오는 경우가 많다.

몰입을 한다는 것은, 의도에 의해 그럴 수도 있고 나도 모르게 의지와 상관없이 몰입에 빠지기도 한다. 몰입을 하는 중에는 과거도 미래도 없고, 바로 지금 순간만 존재하게 되는 것이다. 이처럼 시공간을 초월한 초집중 상태를 몰입이라고 한다. 초집중한다는 것은 집중하는 대상 외의 것에는 신경을 차단할 수 있는 능력이다. 그렇기 때문에 목표가 분명할수록 몰입이 쉬워진다.

인성지능이 높은 사람들은 자기가 하고자 하는 일에 대한 목표가 분명하고 그것을 왜 해야 하는지에 대한 이유가 있기 때문에, 몰입이 보다 수월하다. 몰입은 의식을 통제하는 인지적 기술로써,

나의 에너지를 몰입하고자 하는 대상에 집중하고, 몰입 외 방해가 되는 대상에는 신경을 차단하는 에너지 활용으로도 설명이 가능하다. 이 세상의 수많은 업적은 다양한 분야의 천재들의 몰입적 사고로 탄생한 것들이 많다. 몰입은 천재들의 사고방식이지만 그들의 전유물은 아니다. 윤홍식의 저서 『몰입』에서 평범한 사람들이 몰입적 사고로 우울증을 극복하고, 건강을 찾고, 업무에서 성과를 낸 다양한 사례만 보더라도 쉽게 알수있다.

이런저런 생각 돛단배

" 나는 평생 하루도 일을 하지 않았다.

그것은 모두 재미있는 놀이였다. "

"연구하는 것을 즐겁게 논다고 생각하세요. 책과 함께 놀고 시간과 함께 노는 겁니다. 숙제와 업무도 일종의 놀이로 생각하세요. 직장 상사를 만날 때도, 거래처 사람을 만날 때도 그것을 즐기세요. 지금 이 순간 제 자신을 생각해 볼 때, 저는 평생 즐기면서 지낸 것 같아요. 일과 연구를 즐긴 것입니다."

– 토머스 에디슨

몰입은 자신의 의도와 목표가 일치되면서, 이 일이 내게 매우 중요하고 가치 있다고 인식될 때 몰입할 수 있다. "이 숙제는 하긴 해야 하는데, 그다지 중요한 것은 아니야!"라고 생각하면서 숙제를 대충하거나 말로는 소중한 여친 혹은 남친 하면서 마음속으로는 더 좋은 누군가를 기다리고 있다면, 그 시간은 아깝고 지루하게마저 느껴질 것이다.

매 순간 몰입하는 삶을 살아간다면, 지금 이 순간에 최선을 다하게 된다. 의도와 목표와 행동이 일치하면서, 시간과 공간을 떠난 초월적인 정신 상태에 있게 되는 것이다. 두뇌가 풀가동되고, 모든 주의력이 초집중되기 때문에 결과도 다른 사람보다 좋게 나오는 경우가 많다. 어떤 일이나 어떤 대상에 몰입하게 되면, 기분이 좋고 신바람이 나는 일이 많다. 스스로 목숨처럼 중요하게 느끼는 대상이기 때문에 정열을 쏟게 되고, 그런 과정을 즐기면서도 좋은 성과도 덤으로 오기 때문에 당연히 사는 것은 신나는 일, 기분 좋은 순간순간의 연속이 되는 것이다.

이 책에서는 몰입을 통해 행복과 성공을 동시에 잡을 수 있다는 새로운 패러다임을 제시하고 있다.

"Work Hard"가 아니라 "Think Hard" 시대로, 일상에서 몰입을 실천하는 방법을 소개하고 있다.

■ 선한 영향력을 쌓아가는 삶

인성지능은 외부세계보다 자신의 내면에 집중하여, 내가 어떤 삶을 살아가야 할지에 대한 질문을 던지고 탐구를 하는 지능이다. 우리는 살면서 참 많은 사람들의 눈치를 보게 된다. 그러나 다른 사람을 배려하는 것과 자신의 삶을 누군가의 입맛에 맞추기 위해 조정당하듯이 살아가는 노예의 삶과는 차이가 있다.

내가 누구이며, 내가 좋아하는 것과 잘하는 것이 무엇인지 알고, 지금 내가 하고 있는 일이 이 세상에서 혹은 나의 삶에서 어떤 의미와 가치가 있는지 고민해 보고, 답을 찾으려고 노력하는 자세는 인성지능이 높은 사람의 특징이다.

이들은 자신의 일, 자신의 삶을 사랑하는 만큼 주변 사람들과도 자신으로 인한 선한 영향력을 발휘하는 것에 행복감과 만족감을 느낀다. 심리학자 매슬로우도 인간 최대의 욕구를 "도덕을 실천한 삶으로서 정신적인 만족만큼 인간이 누릴 수 있는 만족감이 없다"고 했다. 즉 내 삶의 방향과 성격이 도덕적이고 윤리적일수록 사는게 더 신바람이 나는 것이다.

당신이 어떤 직업을 가지고 있든, 어떤 곳에 살든 상관없이, 당신은 지금 이 세상에서 무엇에 몰두하며 살아가고 있는가? 당신은 성장하는 삶을 살아가고 있는가? 더 나은 세상을 위해 당신의 삶에 어떤 채찍질을 하고 있는가? 당신의 정열과 열정이 선한 영향력으로 당신 주변을 물들이고 있는가?

〈반 고흐의 초상화〉*

반 고흐는 이 세상에 살아가는 의미를 단순히 행복을 느끼기 위해서가 아니라고 했다. 이 사회에서 업적을 쌓아 사람들에게 선한 영향을 끼치는 업적을 쌓는 것이라 했다. 그래서 죽는 그날까지 그림을 그렸고, 창작의 고통에 의한 외로움과 칼날이 선 피곤한 삶이었다.

그는 죽어서야 그의 작품을 인정받게 된다. 가난하고 외로운 삶이었지만 철저히 예술가의 삶을 산 고흐.

---

* Biography. https://www.biography.com/artist/vincent-van-gogh

■ 세상의 중심은 "나", 인생의 주인공으로 살아가는 삶

　우리 삶은 때로 너무 고되고 거칠다. 학교에서는 성적으로 줄을 세우고, 회사에서는 성과를 강요당하며 남과 비교하는 삶이 그냥 자연스러운 일상이 되어 버렸을 정도다. 부지런함과 성실함은 기본이고, 남보다 조금 더 잘해야, 더 앞서야, 어떻게든 밥벌이를 하며 생존할 수 있다. 부모님이 원하는 자녀가 되기 위해 학창 시절은 공부를 열심히 하는 것이 삶의 전부며, 대학에 가서는 취업을 위해, 취업 후에는 내 집 마련을 위해 미친 듯이 재테크를 하고 돈을 벌어야 한다. 이처럼 우리 사회는 일정 나이가 되면 대학을 가야 하고, 취업을 해야 하고, 결혼을 해야만 주변 사람들의 차가운 시선을 면할 수 있다.

　그러나 인성지능이 높은 사람은 우리가 어떤 곳에서 어떤 모습으로 살아가든, 자기만족과 행복감이 높다. 왜냐면 자기에 대한 신뢰와 사랑이 바탕에 깔려 있기 때문이다. 공부를 못해도, 백수여도, 자기 짝을 못 찾았어도, 자기 자신이 무엇을 좋아하고 잘하는지 알기에, 사람들의 시선에 의해 주눅 들거나 좌절하지 않는다. 내 세상의 중심은 "너"가 아닌 "나"이기 때문이다.

　나의 지인 윤병철은 학력도 좋고 성실함에 스마트까지 한 좋은 인재다. 회사에서도 당연히 탐내는 인물이라는 얘기다. 그런데 그는 주변 사람들의 인정 속에서도 잘나가는 회사의 좋은 자리를 박차고 홀로서기를 선택했다. 왜냐하면 자신을 끌어주고 싶어 하는 상사의 모습에서 자신이 원하는 삶의 모습을 도저히 찾아볼 수 없었기 때문이다. 자유로움을 추구하고 도전적으로 일을 하고 싶어 하는 그의 욕구를 회사는 채워주지 못했고, 잡다한 일로 주말과 야근을 하는 상사의 모습에서도 자신의 미래를 걸고 싶지 않았기 때문이다. 그는 자신이 무엇을 잘할 수 있고 잘 해낼 수 있는지 그리고 어떤 삶을 원하는지 알고 있었기에, 자발적 백수를 선택할 수 있었다. 주변의 걱정과 부모의 반대가 없었을 리 없지만 그는 자신에 대한 믿음과 자신이 원하는 삶이 무엇인지 알고 있었기 때문에 퇴사를 결정할 수 있었다. 여기서 **핵심은 백수가 아니라 자발적 백수, 즉 선택이라는 부분에 있다. 선택을 할 수 있으려면 내가 어떤 성향인지, 내가 잘하는 것과 부족한 것 등 자신에 대한 충분한 이해가 있어야 가능하다.**

그런데 우리 주변에 얼마나 많은 사람이 "나"가 아닌 "너"의 기대와 요구가 마치 정답인 양 희생양으로 살아가는지 둘러볼 일이다. 다행인지 불행인지 많은 사람들은 자신이 희생양인지도 모른 채 주어진 삶을 살아가는 경우도 있다.

나를 찾아라! 당신 내면의 목소리에 진심으로 귀를 기울여 보라!

■ 나보다 너, 너보다 우리, 사랑하는 마음으로!

아프리카어에 "우분투(UBUNTU)"라는 말이 있다. 한 인류학자가 아프리카 어느 부족의 아이들을 대상으로 게임을 제안했다. 근처 나무에 아이들이 좋아하는 음식을 매달아 놓고 먼저 도착한 사람이 음식을 먹을 수 있다고 하였다. 그런데 아이들은 각자 뛰어가지 않고 모두 손을 잡고 함께 가는 것이다. 인류학자는 아이들에게 먼저 가면 음식을 다 차지할 수 있는데 왜 함께 뛰어가는 거냐고 질문하였다. 그러자 아이들은 "우분투(UBUNTU)"라고 답했다.

혼자 음식을 다 차지하는 것보다 다 함께 먹는 것이 더 행복한 것을 아프리카 아이들은 너무 잘 알고 있었다. **"우분투(UBUNTU)"의 의미는 "I am because you are"이라는 뜻으로, 나의 존재 이유를 당신이 있기 때문이라고 생각하는 정신이다. 사람들과의 관계에서 헌신에 중점을 둔 매우 고결한 윤리 사상이 아닐 수 없다.**

또한 조벽의 『인성이 실력이다』라는 저서에서 인성에 대한 단계를 6단계로 설명하고 있는데, 첫 1, 2단계는 자기조절 단계이며, 3, 4단계는 관계조절, 그다음 최상위 5, 6단계는 공익조절 단계로 설명이 가능하다(<그림 3> 참조). "나"를 이해한 다음에 "너"를 이해하고, 그다음은 "우리"를 이해하는 단계로 해석이 되며, 결국 타인의 행복에 기여하고 자신보다 더 큰 곳에 의지를 두는 삶, 나눔과 베풂을 실천하는 삶이 인성지능 수준이 높을수록 추구하는 삶이라는 것을 알 수 있다.

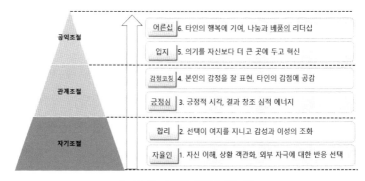

〈그림 3〉 조벽의 인성의 6단계*

타인을 위한 사랑, 이 마음은 꼭 남녀 간의 연애의 감정만을 의미하는 것이 아니다. 내 주변의 사람들에게 따뜻한 말 한마디, 미소를 보내는 것도 사랑이다. **사랑을 실천하는 삶에서 배려하고 양보하는 마음이 바보같이 느껴지겠지만 자신에게 더 큰 사랑으로 돌아오는 것은 고전 속의 교훈이며 우주의 진리이기도 하다.**

결심해 보자!

내가 만나는 모든 사람에게 기쁨을 주는 사람이 되고 싶다고…. 따뜻한 격려, 아름다운 미소, 꽃 한 송이, 커피 한잔 무엇이든 좋다. 금전적이어도 좋고 아니어도 상관없다. 중요한 것은 당신이 사랑을 베풀고 있다는 것이다.

---

* 조벽(2016), 『인성이 실력이다』를 참조하여 저자 재구성.

Chapter 02

세계적 대가,
그들이 찾아낸 것은

이
매슬로우,
인간의 욕구에 대하여

■ 욕구 해결이 곧 나의 행복이고 성공

당신은 언제 행복한가? 당신은 언제 성공했다고 생각하는가? 그 대답은 생각보다 심플하다. 당신이 원하는 것이 이뤄졌을 때, 좀 더 가볍게는 당신이 하고 싶은 것을 할 때다. 간단한 예로 먹고 싶은 음식을 먹으면서 우리는 행복감을 느낀다. 맛집에 대한 열광은 그 집에 가면 원하는 맛을 맛보면서 만족감에 행복을 느끼기 때문이다.

당신이 머무는 사무실이나 집은 어떠한가? 한겨울의 추위로부터 외부의 소음으로부터 안정감을 주는 곳인가? 편안하게 쉴 수 있는 공간이 있을 때 우리는 안도할 수 있다. 그래서 다들 어떤 형태로든 집에서 살고 있는 것이다. 집이든 사무실이든 나만의 아지트든 우리는 안정감을 느낄 수 있는 공간이 필요하고, 그 공간이 확보되었을 때 행복감을 느낀다.

당신과 함께 공부하는, 일하는 혹은 함께 살고 있는 사람과의 관계는 어떠한가? 가족들과의 관계는? 친밀감이 형성된 관계 속에서 그들과 신뢰와 우정을 교류하고 있다면 당신은 당신이 속한 조직에서 그럭저럭 지낼 만할 것이다.

그리고 누군가에게 인정받았을 때의 희열과 보람은 우리를 행복하게 한다. 회사에서 일을 통해서건 학교에서 학업을 통해서건 아니면 재능기부를 통해서도 우리는 우리의 재능을 인정받는 것에서 행복감을 느끼기 때문에 힘을 들여서라도, 돈을 들여서라도, 시간을 들여서라도 타인에게 인정받고자 고군분투하고 있는지도 모르겠다. 그러나 만약 사이코 상사, 괴물 같은 남편, 폭력적인 친구들로 인한 따돌림을 경험하고 있다면, 당신은 지금 지옥에서 하루하루를 버티고 있을 것이다. 나의 욕망과 욕구 해소는 뒤로하고 생존을 위해 발버둥을 치는 삶은 고되고 힘들기만 할 것이다.

■ 매슬로우의 욕구 위계설과 인간의 행복

개인마다 차이는 있겠지만 나의 욕구를 잘 아는 것에서부터 행복과 성공이 시작된다고 해도 과언이 아니다. 이러한 인간의 욕구에 대한 대표적인 이론으로 매슬로우의 욕구단계이론이 있다.

매슬로우의 욕구이론은 1943년 자신의 임상실험을 토대로 발표한 이론이다. 매슬로우는 인간이 기본 욕구를 충족해야 더 높은

차원의 인간 본성을 향한다고 주장하였다. 매슬로우는 인간의 욕구를 다섯 단계로 나누고 각각의 욕망이 다른 욕망과 유기적으로 연계되어 있으며, 인간의 행복도 욕구의 충족에 있다고 했다. 매슬로우가 정의한 욕구 5단계의 1단계는 생리적 욕구로 의식주, 성욕, 수면 욕구 등 생명을 유지하는 기본 욕구이다. 2단계 안전 욕구는 자기 자신을 외부의 위협으로부터 안전하게 보호하고자 하는 욕구로서, 육체 안전과 심리 안정 욕구이다. 3단계는 애정과 소속 욕구로 다른 사람으로부터 사랑을 받고 다른 사람을 사랑하고자 하며 어떤 집단에 소속하여 집단의 구성원으로서의 역할을 수행하고자 하는 욕구이며, 대인관계를 통해 서로 정을 교환하고 소속되기를 바라는 사회적 욕구이다. 4단계는 자기 존중의 욕구로 자신의 가치를 스스로 인정하고 다른 사람으로부터 존경을 받고자 하는 욕구이다. 중요한 책임을 잘 수행하려고 하거나, 많은 재산을 사회나 교육 기관에 내어놓는 일은 바로 이러한 욕구에서 나온 행동이다. 자존심을 유지하고 다른 사람들로부터 인정과 존경을 받고 싶어 하는 욕구이다. 5단계는 자아실현의 욕구이다. 자신의 모든 잠재능력을 최대한 발휘하여 가치 있는 삶을 누리고자 하는 욕구이다. 예술이나 학문에 몰두하거나, 심미적 욕구, 우주에 대한 지식 욕구도 이에 해당된다.

■ 매슬로우의 욕구 위계설과 일자리 변화

매슬로우의 욕구 위계설을 일자리 변화와도 연관을 지을 수 있다. 매슬로우의 욕구 5단계 위계설과 산업혁명 변화와 연계시켜 보면, 1, 2차 산업혁명을 거치면서 생리적 욕구, 안전의 욕구가 채워져 왔고, 3차 산업혁명에서는 애정의 욕구(사회귀속 욕구)가 4차 산업혁명 시대는 자기표현, 자기실현 욕구가 채워질 것이라고 하였다. 1차 산업혁명을 거치면서 식량난, 질병으로부터 자신의 생명을 지키길 원하는 생리적 안전 욕구가 절실하였고, 그에 따른 농기계를 활용한 농업의 발달, 신대륙 개척, 천연두 백신 개발 등이 진행되면서 사회의 주력 일자리가 농업에서 공업으로 전환되는 시기였다. 2차 산업혁명을 거치면서는 안전을 지키기 위한 보험 산업이 성장하였고 전화기가 선보이고 전신 사업이 발전되었다. 기계, 철강, 정유 산업의 성장, 인간의 자유로운 이동, 편리함에 대한 욕구 증대로 자동차 산업이 크게 성장하였다. 3차 산업혁명 시대는 소통과 참여가 본격적으로 시작되었고 반도체, 컴퓨터, 인터넷을 통한 채팅 등의 관련 산업이 크게 성장할 수 있었다. 4차 산업혁명 시대에는 자기표현과 자아실현 욕구 증대에 따라 온라인상에서의 소셜 네트워크 참여, 페이스북, 인스타그램, 스타트업 창업 시장이 크게 성장하고 있다.

미래의 초연결 사회 구조는 자기표현 욕구가 더욱 증대되고, 자기표현 욕구는 나아가 자아실현 욕구의 증대로 이어지게 될 것

이다. 이처럼 인간의 고차원적인 새로운 욕구로 인해 이전에 없던 새로운 직업이 앞으로 더욱 빠르게 증가될 것이다(<그림 4> 참조). 다가오는 미래 산업에서 새롭게 생겨나는 일자리는 인간의 욕구와 밀접하게 연계되어 있음을 알 수 있다.

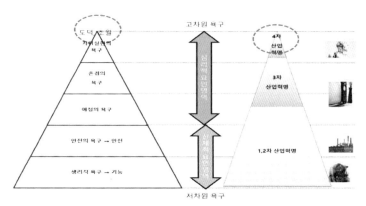

〈그림 4〉 매슬로우 욕구 단계와 산업혁명 연계성*

◆ 매슬로우의 욕구 위계설과 인성지능

매슬로우는 자신의 욕구 위계설에서 새로운 최상위 욕구 단계가 있다고 주장하면서, 자기실현 욕구 위에 초월과 도덕적 욕구가 있다고 하였다. 초월이나 도덕적 욕구는 인성지능이 높은 사람들

---

* 이정국, 이민화(2016), 「인간의 욕구에 기반한 일자리 진화」를 참조하여 저자 재구성.

이 추구하는 욕구에 해당되는 것으로, 인간의 욕구와 인성지능과의 관계를 생각해 볼 수 있을 것이다.

매슬로우(1908-1970)는 초창기에 인간의 욕구설에서 자아실현 단계를 최상위 욕구로 주장했다. 그러나 그의 인생도 무르익고 연구도 더 농익어 질 때 쯤, 자아실현보다 더 높은 인간의 최상위 욕구를 새롭게 추가하였다. 그것은 인간다움을 추구하는 정신적 초월과, 도덕적 욕구이다. 매슬로우는 인간은 근본적으로 매우 선하며, 악은 인간의 본질이 아닌 후천적 영향 탓으로 보았다. 인본주의 기반의 심리학자로서 욕구는 악과 동일 선상에 있지 않으며 오히려 선과 동일 선상에 있다는 관점이다. 선과 욕구는 필요조건으로, 욕구 충족은 선의 기본 전제이며 선행의 동기가 된다고도 하였다. 매슬로우는 자아실현의 의미에 대해 첫째는 인간이 자신에게 잠재되어 있는 것을 실현하려는 성향이고, 둘째는 재능, 능력, 잠재력을 최대한 발휘하고 개발하는 것이며, 셋째는 가장 충분한 인간성의 달성으로 정의하고 있다. 이처럼 매슬로우의 욕구에 관한 연구가 세월과 함께 무르익어 가면서 자아실현의 의미에 부가적으로 도덕과 초월적 인간상을 추가한 것이다.

이는 하워드 가드너가 다중지능 연구 초반부에 8개 지능을 발표하고 그 후 9번째 지능을 조심스레 추가한 것과 비슷한 맥락이다. 매슬로우는 자아실현이 전체적인 인성의 실현, 즉 도덕적 가치가 포함된 잠재력을 최대한 발휘하는 것이라 하였다. 기본적으로 인간은 본성이 선하기 때문에 좋은 삶이란 인간의 진정한 본성에 일치하는 것이며, 자기초월이야말로 인간 삶의 완성이다.

이처럼 산업이 발달할수록 인간의 정신적인 욕구는 더욱 커져가는 것을 알 수 있다. 4차 산업혁명으로 시간적, 물질적으로 보다 풍요로운 시대가 되면서 인간은 더욱 자신의 욕구에 집중하게 될 것이다. 도덕과 초월적 욕구해결은 인간 최상의 행복한 인간다운 삶의 완성을 의미한다. 산업이 발전할수록 인간은 점점 더 고차원적인 정신적인 욕구가 커지게 되며, 이를 충족하기 위해 인성지능의 가치가 커지는 것도 두말할 필요는 없을 것이다.

스티븐 코비, 인간의 습관에 대하여

■ 스티븐 코비의 성공하는 사람들의 8번째 습관

자기개발 분야의 대가이면서 세계적인 베스트셀러 저자인 스티븐 코비의 『성공하는 사람들의 7가지 습관』(1995)이라는 책은 전 세계인의 사랑을 받은 매우 유명한 책이다. 그런데 많은 사람들에게 후속작인 『성공하는 사람들의 8번째 습관』이라는 책은 상대적으로 덜 알려져 있다. 인간의 습관이 성공적인 인생을 만드는 데 중요하다는 것은 스티븐 코비의 주장이어서가 아니라 상식이고 우주적 원리임을 우리는 너무 잘 알고 있다. 그런데 눈이 번쩍 뜨이는 것은 스티븐 코비의 성공하는 사람들의 8번째 습관이 바로 하워드 가드너의 제9의 지능인 인성지능과 유사하다는 점이다.

매슬로우도 하워드 가드너도 인생이 농익어가고 연구의 깊이가 깊어지면서 그들 일생일대의 연구 업적 위에 추가적으로 이론을 제시하였다. 매슬로우는 자아실현 위에 도덕과 초월이라는 근본적으로 선을 추구하고자 하는 욕구가 있다고 하였으며, 하워드 가드너는 8개 지능에 이어 제9의 지능으로 인성지능을 추가하였다. 이와 같은 맥락에서 스티븐 코비도 성공하는 사람들의 7번째 습관이라는 책이 나오고, 7년 후 성공하는 사람들의 8번째 습관이라는 책을 통해 내면의 소리를 알아채야 한다고 주장하고 있다. 인간의 행복과 성공을 연구하는 대가들의 연구에서 궁극적으로 행복과 성공을 위해 인성지능이 중요하다는 공통점이 발견된 것은 단순한 우연은 아닐 것이다.

■ 내면의 소리를 찾아내고 남들도 찾아내도록 하라

스티븐 코비의 성공하는 사람들의 8번째 습관은 내면의 소리를 찾아내고 남들도 찾아내도록 하는 것이다. 우리 인간은 기본적으로 4가지 지능인 신체지능, 감성지능, 지적지능, 인성지능을 바탕으로 삶을 꾸려 나간다고 볼 수 있는데(<그림 1> 참조), 스티븐 코비는 이때 인성지능을 양심적으로 쓸 것인지, 에고적으로 쓸 것인지에 따라 인생이 달라진다고 주장하고 있다. **인성지능이 높은 사람들은 양심의 소리에 귀를 기울이는 사람들이다. 자신의 내면에 집중하고, 내면의 소리를 찾고, 다른 사람도 내면의 소리를 찾을 수 있도록 도움을 주는 사람들이다.** 그러나 인성지능이 낮은 사람들은 자신의 내면의 소리를 잃고 외부의 시선과

의도에 따라 살아가기 때문에 기능적이고 희생적인 삶을 살게
된다(<그림 5> 참조).

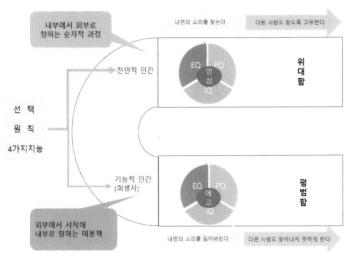

〈그림 5〉위대한 삶 vs. 평범한 삶*

　스티븐 코비는 전인직 삶과 기능적 삶이 바로 인성지능에 달렸
으며, 인성지능 개발을 통해 누구나 위대한 삶을 살아갈 수 있다
고 주장하고 있다. **인간에게는 <표 2>와 같이 에고의 나와 양심
의 나가 동시에 있지만 인성지능이 높을수록 양심의 목소리에 귀
를 기울이게 되고, 인성지능이 낮을수록 원초적이고 동물적인 목**

---

* Stephen R. Covey(2005), 『성공하는 사람들의 8번째 습관』, p.102.

소리인 에고를 따라가게 되기 때문에 우울하고 불안하고 불행한 삶을 만들어 가게 된다.

〈표 2〉 에고의 나 vs. 양심의 나*

에고의 나	양심의 나
·욕심많은 나	·순수한 나
·불만많은 나	·지혜로운 나
·이기적인 나	·고요한 나
·화가나는 나	·통합적 사고를 하는 나
·우울한 나	·온화한 나
·동물적인 나	·차분한 나
·중독적인 나	·부드러운 나
·부정적인 나	·부처(예수) 같은 나
·욕을 하는 나	·미소를 띄고 있는 나
·미워하는 나	·긍정적인 나
·절망하는 나	·용서하는 나
·불안한 나	·이해하는 나
·갈망하는 나	·감사한 나

* 신수림(2019), 「역량학적 관점에서의 인성에 대한 고찰_인성지능을 중심으로」.

03
≋

하워드 가드너,
인간의 지능에 대하여

■ **하워드 가드너의 9번째 지능**

하워드 가드너는 다중지능이론의 창시자로 인간에게 8가지 다양한 지능이 있음을 발표하고 그 후 25년 후, 2006년도에 『다중지능』이라는 그의 저서에서 조심스레 9번째 지능인 인성지능을 언급하였다. 그의 저서에서는 인성지능을 영성지능 혹은 실존지능이라는 이름으로 소개하고 있지만 의미상 같은 개념으로 볼 수 있다. 하워드 가드너 역시 연구가 깊어지고, 인생이 농익어가는 무렵에 8번째 지능에 이어 9번째 지능을 제시한 것은 인간의 욕망을 연구한 매슬로우나 습관을 연구한 스티븐 코비와 비슷한 맥락으로 해석이 된다.

9번째 지능인 인성지능은 8가지 지능을 통솔하고 총괄하는 사령관 역할을 하는 지능으로 자신의 인생에서의 의미와 통찰을 바탕으로 다른 8가지 지능을 어떻게 사용해야 하는지 아는 매우 성

숙한 지능이다. 하워드 가드너는 9번째 지능을 발표하면서도, 9와 1/2 지능이라는 조심스러운 입장이지만 하워드 가드너 외에도 다양한 분야의 학자들을 통해서도 입증되고 있다. 특히, 이소윤과 이진주의 저서 『9번째 지능』과 KBS 화제의 다큐멘터리 <세상을 바꾸는 9번째 지능>에서 8가지 지능 이후 9번째 지능 측정을 위한 설문지를 공개하였으며, 설문분석 결과를 통해 인성지능이 높은 사람들의 특징을 매우 구체적으로 소개하였다.

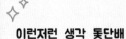

이 저서의 감수를 맡은 하버드 대학의 조세핀 김 교수는 하버드 대학 학생들이 공부하는 이유는 다른 이들을 돕고자 하는 한 가지 이유라고 말하고 있다. 남들보다 나은 삶이 아니라 내가 속한 공동체와 사회 속에서 나 스스로 변화의 도구가 되도록 이끄는 지능이 제9의 지능이라고 소개하고 있다.

---

* 이소윤, 이진주(2015), 『9번째 지능』, 청림출판.

■ 인성지능을 연구한 위대한 학자들

인간의 욕망을 연구한 매슬로우(1908-1970), 인간의 습관을 연구한 스티븐 코비(1932-2012), 인간의 지능을 연구한 하워드 가드너(1943-) 그들의 연구에서 찾은 공통점은 바로 인성지능이다. 그들 인생이 농익어가면서 그들의 일생일대 연구 주제였던 인간의 욕망, 습관, 지능에 추가적인 내용을 언급하고 있다는 것, 그 내용이 하워드 가드너의 9번째 인성지능의 특성과 일치 한다는 것이 놀랍다. 상식적으로 좋은 습관과 지능은 성공에 필요하며, 욕망은 행복과 관련이 있다. 행복한 성공을 위해서는 습관, 지능, 욕구가 조화를 이루어야 한다. 행복한 성공을 원하는가? 그렇다면 대가들의 주장처럼 인성지능에서 답을 찾아보기 바란다.

어브라함 매슬로우(1908-1970)
욕망

스티븐코비(1932 ~ 2012)
습관

하워드 가드너 (1943 ~)
지능

*

→ 인간의 행복(성공) ←

* 출처: 잡해커의 비밀공간 블로그. https://blog.naver.com/rarage4/221026729068

Chapter 03

인성지능 수준

감정별 에너지 수준에 따른
인성지능 단계

■ 감정은 신이 보내준 센서

우리는 내면에 집중하는 삶이 중요하다는 것을 알고 있다. 그런데 누군가 내면에 집중하는 이유를 물어본다면, 어떤 대답을 해줄 수 있을까? 세도나 마음혁명의 저자 레스터 레븐슨은 그의 저서에서 "내면에 집중할 때만이 행복을 느낄 수 있다"고 하였다. 행복한 삶을 거부하고 싶은 사람은 없을 테이니, 인간 내면을 탐색하고 집중하는 것은 분명 행복한 삶과 밀접한 관계가 있는 듯하다.

우리 인간은 신체와 정신으로 구성되고, 신체는 눈에 보이지만 정신은 눈에 보이지 않는 영역이다. 눈에 보이는 신체는 우리가 빨리 이해되고 적용이 쉽게 되지만 정신은 눈에 보이지 않기 때문에 어렵게 느껴지는 것이 사실이다.

그러나 감정은 눈에 보이지는 않지만 우리가 매우 쉽게 느끼고 반응하면서 알아채는 부분이다. 우리는 하루에 수차례 신바람 나서 웃을 때도 있고, 불같이 화가 치밀어 올라 욕을 하거나 신경질을 낼 때도 있으며, 속이 상해서 울거나 슬퍼하기도 한다.

신바람이 날 때, 뭐든지 해낼 수 있을 것 같은 기운이 샘솟는 느낌을 받은 경험이 누구나 있을 것이다. 반면에 불안과 걱정에 사로잡혀 있을 때는 기운이 없고 무기력에 빠져서 마치 좀비처럼 혼이 나간 것같이 지낼 때도 종종 있다.

가장 경계해야 할 것은 좀비처럼 일하는 것이다. 포기한 것도 아니고 속도를 붙이는 것도 아닌, 아무 영혼 없는 움직임으로 하루를 보내는 사람이 되는 건 최악이다.

– 보도 섀퍼, 『멘탈의 연금술』

---

* 보도 섀퍼 저, 박상원 역(2021), 『멘탈의 연금술』, 토네이도.

의사출신 의식 연구가 데이비드 호킨스는 인간의 감정을 단계화하고 수치화하여 <그림 6>의 의식지도를 개발하였다. 이 연구는 눈에 보이지 않는 의식의 영역을 과학화하였다는 점에서 가치가 상당하다. 데이비드 호킨스는 『의식 혁명』이라는 그의 책에서 인간의 감정 상태별 에너지 수준을 1부터 1,000까지의 척도로 수치하였다. <그림 6>의 의식지도에서 보듯이 검은점에 해당하는 감정과 흰점에 해당하는 감정이 대비되는 것임을 알 수 있고, 에너지 200 이하는 부정적이고 간신히 버티며 살아가는 생존 단계로 삶이 힘들고 어렵고 우울하지만, 200 이상의 단계부터는 삶이 원하는 방향으로 흘러가는 조화와 창조적인 삶을 살아갈 수 있게 된다.

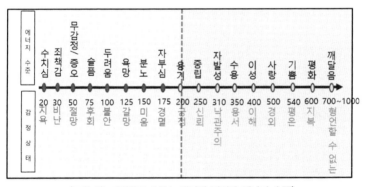

〈그림 6〉 데이비드 호킨스 박사의 감정별 에너지 수준*

---

* David R. Hawkins(2011), 『의식 혁명』, pp.89-111을 참조하여 저자 재구성. 에너지 수준은 산술값이 아닌 로그값.

의사 출신 데이비드 호킨슨의 『의식 형명』이라는 책은 1965년 1월부터 1994년 6월까지 근육반응시험을 통한 내면의 잠재의식에 관한 연구 결과를 모아 엮은 연구서이다.

---

* 데이비드 호킨스 저, 백영미 역(2011), 『의식 혁명』, 판미동.

이처럼 감정은 나의 에너지 상태를 나타내는 센서이기 때문에 나의 감정을 잘 다스리고 알아차릴 수 있도록, 감정센서가 항상 깨어 있도록 해야 한다. 『유쾌한 창조자』의 저자 제리 & 에스더 힉스도 감정 수준을 <그림 7>과 같이 22단계로 구분하고, "감정 안내 눈금"을 통해 항상 더 나은 기분을 향해야 한다고 하였다.

1	기쁨/ 앎/ 권능/ 자유/ 사랑/ 감사	powerful
2	열정	
3	열의/열망/행복	
4	긍정적 기대/ 신념	
5	낙관	
6	희망	
7	만족	
8	지루함	
9	비관	
10	좌절/ 짜증/ 조조	
11	압도감	
12	실망	
13	의심	
14	걱정	
15	비난	
16	낙담	
17	화	
18	복수심	
19	증오/ 분노	
20	질투 또는 시기	
21	불안감/ 죄책감/ 무가치함	
22	두려움/ 슬픔/ 우울함/ 절망/ 무력감	powerless

〈그림 7〉 22단계 감정안내 눈금*

---

* Jerry & Esther Hicks(2004), 『유쾌한 창조자』, p.209.

기분 좋은 감정은 에너지가 넘치고, 기분 나쁜 감정은 에너지가 약해지기 때문에 기분이 좋은 것보다 더 중요한 것은 없다고 할 정도로, 감정을 알아차리고, 기분 좋은 감정을 느끼는 것은 중요하다고 하였다. 감정안내 눈금에서 각 눈금의 감정의 명칭이 중요한 것은 아니지만 의식적으로 더 나은 기분을 향해 나아가는 데 활용하라고 조언하고 있다.

　감정은 나의 상태를 혹은 나의 상황을 인지하고 파악하는 중요한 센서이며, 건강한 센서를 가지고 있는 사람은 자신의 삶을 더욱 건강하고 풍요로운 방향으로 끌어갈 수 있는 반면, 고장 난 센서를 가지고 있는 사람은 자신의 감정을 무시 혹은 외면한 채 살아가는 사람들이다. 그러나 무시된 감정은 안에서 곪고 썩고 병들게 되고, 결국 병든 감정만큼 인생도 병들게 된다.

　감정은 언어를 배운 적이 없는 아가도 주변 상황을 직관적으로 느끼고 표현할 수 있게 한다. 다른 언어를 사용하는 사람들 간에도 언어는 통하지 않아도 감정은 느낄 수 있다. 이처럼 감정은 학습이나 언어 능력이 없어도 자연적으로 알게 되는 느낌이다. 그래서 감정은 인간 누구에게나 신이 준 선물이자, 삶을 풀어 나가는 열쇠다.

　말을 못 하고 말이 통하지 않아도 느낌으로 감정을 공유할 수 있으며, 사실 이것은 1700년 동안 숨겨져 온 기도의 비밀이기도 하다. 그렉 브레이든의 『절대 기도의 비밀』에서 기도는 외적으로 표현하거나 소리 내어 말하지 않고도 소통하는 방법이라고 하였던 것과 같은 맥락이다.

『절대 기도의 비밀』은 티베트 고대의 사원과 사라진 문서들을 20년 넘게 연구하여 기도의 비밀을 밝혀낸 책이다. 기도의 비밀은 무기력한 심정으로 절대자에게 매달려 도움을 요청하는 것이 아니라 기도가 이미 응답 받았을 때의 기분을 느끼는 것이라 하였다.

---

* 그렉 브레이든 저, 황소연 역(2019), 『절대 기도의 비밀』, 굿모닝미디어.

호르몬과 뇌 작용에 의한 인성지능 단계

■ 몸, 감정, 생각의 유기적 관계

영화 <토탈 리콜>, <이터널 선샤인>, <메멘토>의 공통점은 무엇일까? 기억이 조작되었다는 것이다. 우리는 누구나 기억에 의해 어떤 대상이나 사물에 감정을 갖게 되는데, 똑같은 개나리꽃이라 하여도 누군가에게는 예쁘고 싱그러운 기분 좋은 꽃이지만 누군가에게는 어린 시절 회초리로 쓰인 끔찍한 꽃이 된다.

이처럼 인간의 기억은 실제와는 다르게, 때로는 각자의 스토리에 엮여 다양하게 만들어진다. 인간은 생각이 불러오는 정서가 감정을 일으키고, 행동으로 나타나는 관계를 보더라도 기분좋은 생각은 좋은 감정을 불러오고, 좋은 감정에서 좋은 행동이 나오게 된다.(<그림 8> 참조) 개나리꽃에 대한 나쁜 기억이 있어 개나리꽃을 볼 때마다 나쁜 감정이 생긴다 하더라도, 개나리꽃과 회초리를 분리해서 생각하고, 개나리꽃을 그냥 개나리꽃으로 보게 된다면, 나쁜 감정은 어느새 사라지게 된다.

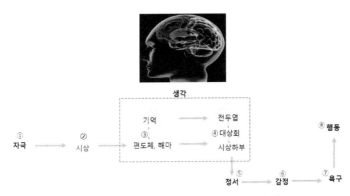

〈그림 8〉 뇌 구조에 의한 생각, 감정, 행동의 관계*

좋은 행동은 좋은 생각, 좋은 감정을 통해서 나오는 것으로, 생각, 감정, 행동은 유기적으로 연계된 인간의 자연스러운 생물학적 시스템에 의한 것이다. 합리적이고 올바른 행동을 하고 싶다면, 신나고 즐거운 감정을 느끼고 싶다면, 당신의 생각에 답이 있다. 부정적인 생각보다 긍정적인 생각을 어두운 생각보다 밝은 생각을 하면 된다.

우리는 흔히 인사를 잘하고 선한 행동을 하는 사람들에게 인성이 훌륭하다고 말한다. 인사를 잘하는 행동, 선한 행동은 일반적으로 긍정의 감정 상태에서 나오는 행동이다. 이런 원리로 긍정적 감정을 갖는 것은 우리 삶에서 매우 중요한 의미가 있다. 인

---

* 조벽(2015), 『인성이 실력이다』, pp.140-159를 참조하여 저자 재구성.

성지능이 높다는 것은 의식 수준이 높은 것을 의미한다. 다음의 <표 3>에서 보여주듯이 데이비드 호킨스의 『치유와 회복』이라는 저서에서 인성지능이 높으면 행복하고, 취업도 잘되며, 부(富)도 따르는 삶을 살게 되며 상대적으로 범죄와는 거리가 멀어짐을 알 수 있다. **다시 말하자면 인성지능이 높으면 행복하고 싱공적인 삶을 살아갈 확률이 매우 높아지는 셈이다.**

〈표 3〉 인성지능과 사회적 문제와의 관계*

감정별 에너지 수준 (인성지능)	비고용률	빈곤률	행복률 (Life is OK)	법죄율
600이상	0	0	100	0
500~600	0	0	98	0.5
400~500	2	0.5	70	2.0
300~400	7	1.0	50	5.0
200~300	8	1.5	40	9.0
100~200	50	22	15	50
50~100	75	40	2	91
50이하	97	65	0	98

■ 에너지와 주파수

감정은 에너지이기 때문에, 생존을 위한 감정 상태에서는 에너지가 낮고, 사는게 버겁고 고통스러운 반면, 창조적인 감정 상태

---

* Hawkins(2016), 『치유와 회복』, p.29를 참조하여 저자 재구성.

에서는 신바람이 나고 기쁨과 감사함이 충만하여 사는게 그냥 즐겁고 행복하다. 조 디스펜자 박사는 『당신이 플라시보다』라는 저서에서 그림과 같이 창조적인 감정과 생존 감정을 구분하였다. 생존 감정들은 기본적으로 스트레스 호르몬들에서 나오며, 몸과 마음을 이기적이고 제한된 상태에 머물게 하는 경향이 있다고 하였다. 반면, 창조적이고 고양된 감점을 느낄 때는 에너지가 다른 호르몬 중추로 올라가고, 그때 가슴이 열리기 시작하면서 훨씬 이타적이 된다고 하였다(<그림 9> 참조).

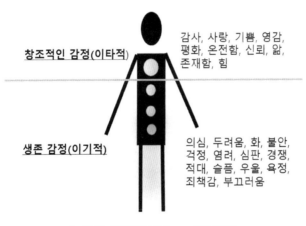

창조적인 감정(이타적)
감사, 사랑, 기쁨, 영감, 평화, 온전함, 신뢰, 앎, 존재함, 힘

생존 감정(이기적)
의심, 두려움, 화, 불안, 걱정, 염려, 심판, 경쟁, 적대, 슬픔, 우울, 욕정, 죄책감, 부끄러움

〈그림 9〉 창조적인 감정 vs. 생존 감정*

---

* Joe Dispenza(2014), 『당신이 플라시보다』, p.217.

인간은 누구나 <그림 10>과 같이 7개의 에너지 센터가 있으며, 각각의 에너지 센터는 주파수를 가지고 있다. 에너지는 상위 센터로 올라갈수록 주파수가 높아지면 파장은 짧아지고, 주파수가 낮아지면 파장이 길어짐을 알 수 있다. 에너지는 아래에서 위로 흐르게 되는데, 에너지가 정체되면 상위 센터로 올라가지 못하게 된다. 감정이 에너지이기 때문에 다양한 에너지 센터에 감정들이 갇히게 되고, 더 이상 발전하지 못한다. 우리가 생존 모드에 머무르게 되면 아래쪽 세 센터에 에너지가 주로 갇히게 된다. 첫 번째

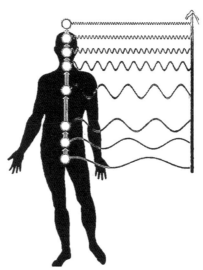

〈그림 10〉 인간의 에너지 센터와 에너지 흐름*

---

* Joe Dispenza(2017), 『당신도 초자연적이 될 수 있다』, p.174.

센터의 에너지가 갇히게 되면 창조성의 접근에 어려움을 겪게 되고, 두 번째 센터는 다른 사람에게 상처를 입거나 배신을 당한 경우에 에너지가 갇히게 되는데 수치심, 괴로움, 낮은 자존감, 두려움 등을 과도하게 느낄 수 있다. 세 번째 에너지 센터가 갇혀 있는 사람은 자기중심적이고 화를 잘 내며, 지나치게 경쟁적이고 지나친 통제를 하거나 부적절한 동기부여를 하게 된다. 네 번째와 다섯 번째는 마음을 열지 못하고 사랑을 느끼지 못하며 타인을 신뢰할 수 없다거나 자신이 느끼는 사랑이나 진정한 감정을 표현하기를 두려워하게 된다.

이처럼 사람의 감정마다 에너지가 다르기 때문에, 말을 하지 않더라도 상대방이 방출하는 에너지를 통해 그 사람의 상태를 쉽게 감지할 수 있다. 화가 나 있거나 괴로워하고 있는지 혹은 그 사람의 차분함과 친절함을 말없이 느끼며 매력적이라고 생각하게 되는 경우도 있다. 왜냐하면 **감정은 에너지가 움직일 때 생기고, 모든 에너지는 진동하고 모든 진동은 정보를 전달한다.**

사랑, 기쁨, 감사와 같은 창조적이고 고양된 감정들의 주파수는 두려움, 분노와 같은 스트레스 감정들보다 빠르고 훨씬 높다(<그림 11 참조). **그렇기 때문에 좋은 인생을 살고 싶다면 에너지를 바꾸어야 한다. 즉 우리가 끊임없이 방출하고 있는 전자기장을 바꾸는 것이 삶을 바꾸는 비결이며, 우리의 감정을 바꾸기 위해서 생각하고 느끼는 법을 배우는 것은 매우 중요하다.**

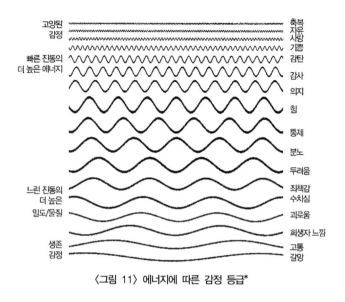

고양된 감정	축복 자유 사랑
	기쁨
빠른 진동의 더 높은 에너지	감탄
	감사
	의지
	힘
	통제
	분노
	두려움
느린 진동의 더 높은 밀도/물질	죄책감 수치심
	괴로움
	희생자 느낌
생존 감정	고통 갈망

〈그림 11〉 에너지에 따른 감정 등급*

좋은 생각은 좋은 감정을 불러오고, 좋은 감정에서는 어떤 일을 하든 신바람이 나고 활기가 넘친다. 반면에 회사 혹은 학교 가기 싫은 날, 아침에 눈을 뜨면 몸도 무겁고 두통이나 체기도 있는 것 같아서 결국 휴가를 쓰거나 결석을 한 경험이 한두 번은 있을 것이다. 이는 마치 매뉴얼처럼 회사 혹은 학교가 싫어지면 몸이 아파오고 잦은 지각과 조퇴 등이 수반되면서 결국은 회사를 그만두거나 학교에서 좋은 성적을 거두지 못하게 되는 것과 같다.

---

* Joe Dispenza(2017), 『당신도 초자연적이 될 수 있다』, p.83.

<표 4> 몸, 감정, 생각의 유기적 관계

높은 주파수 빠름/확장 영혼/사랑 ⬆ ⬇ 낮은 주파수 느림/위축 에고/두려움	몸	감정	생각
	완전한 현존	사랑/공감	지혜/일체성
	완벽한 건강	관용	직접적인 앎
	활기찬 움직임	행복/감사	영감/통찰
	유연성	열정	유연한 창조성
	민감성	욕망/동기	발견/탐구
	편안함/휴식	만족	수용성/개방성
	피로	성실	지루함/조급함
	긴장/스트레스	안도/신뢰	산만함/멍함
	간헐적 고통	실망	투사/비난
	만성적 고통	좌절	논리/증명
	중독	의심/불안	신념/통제욕
	질병	공포/공황	강박
	심리적 외상/상처	증오/분노/거부	정신적 매몰
	기능장애	죄책감/수치심	정신병/신경증
	마비/혼수	우울/무관심	자살

<표 4>를 보더라도 몸, 생각, 감정이 유기적으로 연계되어 있음을 알 수 있다. 높고 빠른 주파수에서는 좋은 감정, 생각, 감정이 따르며 낮고 느린 주파수에서는 나쁜 감정, 나쁜 생각, 나쁜 건강 징후가 나타나게 된다.

항상 좋은 생각이 들면 좋겠지만 세상살이가 만만치 않다 보니 부정적인 생각을 떨쳐 버리기가 쉽지 않을 수도 있다. 그럴 때마다 의도적으로라도 주파수를 높여보자. 에너지가 올라가면 생각, 감정, 건강은 함께 좋은 방향으로 이동하기 때문이다.

철학적 수준에 따른
인성지능 단계

■ 내 마음속의 천사 vs. 악마

우리가 잘 알고 있는 로버트 루이스 스티븐슨의 작품『지킬 박사와 하이드』소설에는 지킬박사와 하이드가 등장하는데, 둘은 다르지만 같은 인물이다. 자비롭고 학문적 재능까지 겸비한 품위 있는 의학박사 지킬과 악마와 같이 잔인하고 반사회적이면서 초라하고 왜소한 외모의 하이드를 오가며, 이중생활을 하게 된다. 이는 선과 악이 공존하는 자기 갈등의 괴로움에서 벗어나고자 선과 악을 완전히 분리하고자 한 지킬의 실험에 의한 것이었다. 선과 도덕의 세계에 살고 있던 지킬 박사의 내면에는 욕구와 욕망에 사로잡힌 자신의 또 다른 모습이 있었다. 이를 감추며 도덕적으로 선하게 살아가는 지킬도 자기 자신이며, 악하고 추한 하이드도 자기 자신의 또 다른 모습인 것이다. 물론 소설같이 선과 악이 이분법적으로 분리되면 선한 인간, 악한 인간으로 구분할 수 있겠지만, 인간은 누구나 정도의 차이는 있지만 선과 악이 공존하는 존재인 것이다.

에고 자아는 마치 어린 심술 많은 욕심쟁이 같은 나의 철부지 모습이라면, 대아 자아는 감정의 지배를 받지 않는 고요하고 순수하면서도 지혜롭고 성숙한 나의 모습이다. 이처럼 내 안에는 선하고 도덕적인 지킬 박사의 모습과 악한 하이드의 모습이 정도는 다르지만 함께 공존한다.

에고 자아	대아 자아
• 욕심 많은 나	• 순수한 나
• 불만 많은 나	• 지혜로운 나
• 이기적인 나	• 고요한 나
• 화가 나는 나	• 통합적 사고를 하는 나
• 우울한 나	• 온화한 나
• 동물적인 나	• 차분한 나
• 중독적인 나	• 부드러운 나
• 부정적인 나	• 부처(예수) 같은 나
• 욕을 하는 나	• 미소를 뛰고 있는 나
• 미워하는 나	• 긍정적인 나
• 절망하는 나	• 용서하는 나
• 불안한 나	• 이해하는 나
• 갈망하는 나	• 감사한 나

〈그림 12〉 에고 자아 vs. 대아 자아*

* 출처: 신수림(2019), 「역량학적 관점에서의 인성에 대한 고찰-인성지능을 중심으로」

이처럼 우리 인간에게는 누구나 에고 자아와 대아 자아가 동시에 존재하지만, 인성지능 수준에 따라 에고 자아와 대아 자아의 비율은 달라질 수 있다. <그림 13>과 같이 1단계는 에고 자아가 전체적으로 나를 지배하는 단계로 하이드의 모습에 가까운 나의 모습이다. 감정이 불안정하고 욕구와 욕망에 사로잡혀 있으며, 걱정이 많고 우울하고 이기적인 생각으로 가득 차 있는 단계로, 이 에고 자아가 나로 착각하며 살아가게 된다. 이때의 나는 불안과 분노의 공포감으로 어둡고 우울하고 불행하다.

반면에 5단계는 지킬 박사의 모습처럼 선하고 도덕적인 모습이 지배적으로 긍정적이고 부드럽고 평화로운 모습이 지배하는 단계다. 이때의 나는 감사와 사랑이 충만하고 삶이 행복하고 기쁘다. 인간은 에고 자아와 대아 자아가 모두 공존하지만 인성지능이 높을수록 <그림 13>의 5단계처럼 대아 자아의 비중이 높다.

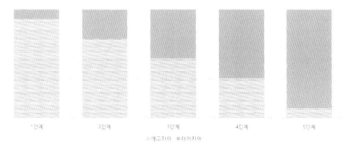

1단계   2단계   3단계   4단계   5단계

□ 에고자아 ■ 대아자아

〈그림 13〉 인성지능 단계별 에고 자아와 대아 자아 비중*

---

* Wigglesworth(2011), Spiritual Intelligence and why it matter, p.5를 참조하여 저자 재구성.

Chapter 04

이런저런 인성 천재들

매력적인 부자
사이토 히토리

■ 행복한 부자, 인성 천재 사이토 히토리

사이토 히토리는 일본의 사업가이자 재벌이다. 일본에서 1993년부터 2005년까지 12년간 납세액 1위를 여러 번 기록한 재벌이다. 2004년까지 누계 납세액이 총 173억 엔(약 1,600억 원)에 달한다. 사업가로 성공했지만 실상 사이토 히토리의 학력은 중학교 졸업이 최종 학력이다. 그러나 다독가이고, 그의 책을 읽어보면 어렵고 복잡한 이론이나 현상을 쉽고 단순하게 전달하는 그의 표현력과 통찰력에 감탄을 금치 못하게 된다.

사이토 히토리는 누가 봐도 매우 성공한 부자다. 그런데 사이토 히토리가 더 빛나 보이고 매력적으로 보이는 이유는 그의 철학이다. 그는 사업가이면서 저자나 강연가로도 활동을 하는데, 그의 저서나 강연은 매우 쉽기로 유명하다. 그의 대표 저서로 『철들지 않은 인생이 즐겁다』(2012), 『부자의 운』(2015), 『부자의 인간

관계』(2015), 『상위 1% 부자의 통찰력』(2016), 『돈의 진리』(2019), 『부자의 행동습관』(2020) 등이 있다. 그의 책은 쉽다. 그리고 재밌다. 게다가 유익하다.

사이토 히토리는 정말 좋은 인생은 즐거운 삶을 사는 것이라고 말하고 있다. 훌륭한 것보다 옳은 것보다 더 중요한 것은 즐거움이라는 것이다. 삶을 게임처럼 즐기듯이 살아야 한다는 그의 명쾌한 메시지 안에는 사람들과 더불어 사는 삶, 어려움 속에서도 미소를 잃지 않는 삶, 문제를 보기보다 해결점을 보려는 삶, 시도하고 도전하는 삶에 대한 가치, 완벽하지 않아도 되기 때문에 시도하고 실패하는 것이 두려워할 필요가 없다고 말하고 있다. 그는 완벽한 인간이 되기보다 온전한 인간이 되는 것이 중요하다고 하였으며, 성공보다 더 중요한 것은 행복이라고 하였다.

인성 천재는 에고 자아와 대아 자아 모두 자신의 모습이지만 에고 자아로 어떤 일을 하게 될 경우 힘들고 고달프면서 성과는 미비하기 때문에 대아 자아의 모습으로 살아가려고 노력하는 사람들이다. 사이토 히토리도 마찬가지로 즐거운 감정, 편안한 감정, 사랑과 감사의 마음 상태인 대아 자아 속에서 문제도 해결하고 사람도 만나고 사업도 키워 나가면서 행복한 성과를 이루어낸 인물이다. 사이토 히토리가 매력적인 이유는 사업가로서 성공한 모습도 있겠지만 인간적인 따뜻함과 삶의 통찰력과 지혜로움을 겸비한 행복한 부자라는 점이다.

02

≋

우리 아파트 작은 영웅
이춘협 아저씨

■ 정년이 필요 없는 우리 동네 경비 아저씨

우리 아파트 경비 아저씨가 50대 후반으로 보이긴 하지만 실제 나이는 70대 중반이다. 아파트마다 다르지만 내가 살고 있는 아파트의 경우 경비 아저씨 정년은 65세로 되어 있다. 그러나 주민들이 원할 경우, 정년과 상관없이 고용이 유지된다. 우리 아파트 5동 이춘협 경비 아저씨는 거의 만장일치에 가까운 주민들의 고용 연장 찬성표로 수년째 고용을 유지하고 있다.

주민의 사랑을 받는 비결이 궁금해서 아저씨를 소리 없이 관찰해 보니, 이춘협 경비 아저씨는 항상 즐겁게 일을 하고 있었다. 쓰레기 분리수거를 하면서도 주차관리를 하면서도 화분관리를 하면서도 신바람이 나서 일하시는 듯 보인다. 그리고 누가 보든 보지 않든 한결같다. 부지런하고 주민들에게 친근함까지 갖추었으니, 주민의 한 사람으로서 얼마나 감사한지 모른다. 우리 아파트

5동 주민들은 아저씨의 헌신적인 업무 자세를 보면 주민인 우리가 복 받았다고 말할 정도다. 오다가다 아저씨와 마주치면 깍듯이 인사를 드리게 된다. 열악한 환경에서 일하시면서 고충도 많으실 텐데, 늘 웃으시면서 즐겁게 일을 하시니 아저씨는 우리 아파트의 작은 영웅이라고 하기에 전혀 손색이 없다.

인성 천재는 크든 작든 상관없이 자신의 삶을 혁신적이고 창의적으로 이끌어가는 사람이다. 우리 아파트의 작은 영웅 이춘협 아저씨가 경비 일을 그처럼 신명나게 하는 이유는 아마도 긍정의 힘일 것이다. 아저씨의 긍정의 마음과 생각이 부지런하고 성실하고 친절한 행동을 끌어내고 있는 것이다.

저런 마음과 생각으로 일을 해 나간다면, 사실 어떤 일이든 해내겠구나 싶다. 인성 천재는 이처럼 정년도 없다. 인성지능이 높을수록 취업률, 행복률과 비례하다는 연구 결과처럼(<표 3> 참조), 인성 천재는 행복한 성공을 하는 사람들이다. 우리 아파트의 작은 영웅 이춘협 아저씨처럼 말이다.

03

≋

역경을 넘어선
오프라 윈프리

■ 삼류 인생에서 세계에서 가장 영향력 있는 여성으로 성공

오프라 윈프리는 시골 마을 미시시피강 근처에 있던 가난한 흑인 마을에서 사생아로 태어났다. 겨우 18세에 불과했던 어머니는 가정부로 생계를 해결해야 했기 때문에 오프라를 돌볼 여력이 없었다. 외할머니 집과 어머니 집, 아버지 집을 전전하며 기구한 세월을 보내며 마약과 담배, 자살 시도, 폭식, 성폭행과 원치 않는 임신 등 우울한 청소년기를 보냈다. 반항아로 변해 버린 오프라를 어머니는 감당하지 못하고 아버지 집으로 보내게 되고, 아버지는 오프라가 다시 학교생활을 시작할 수 있도록 도움을 주었다. 오프라는 고등학교를 다시 다니며 전교회장에 당선되면서 자신감을 회복하게 된다. 무엇보다 오프라는 책 읽기를 좋아하고 말하기에 재능이 있었다. 열여섯 살 오프라에게 마야 일젤루의 『새장에 갇힌 새가 왜 노래하는지 나는 아네』라는 책은 그녀 인생의 터닝

포인트가 되었고, 1983년 아침 토크쇼 진행자가 되면서 그녀의 인생은 변하기 시작했다. 토크쇼를 시작하는 첫날, 오프라 윈프리는 이 일이 나의 천직임을 깨달았다고 한다. 자신이 무엇을 해야 하는지 분명히 알 수 있었기 때문이다.

지금의 오프라 윈프리는 세계에서 가장 영향력 있고 존경받는 인물 중 한 명이다. 가난과 절망을 딛고 전 세계 흑인 여성들 중 가장 성공한 인물이자 여성이며, 부와 명예를 가진 유명인이 되었다.

인생은 일약 대박이 아니다. 삶을 변화시키는 의미 있는 발걸음을 차례차
례 밟아가는 것이다.

— Oprah

---

* 오프라 윈프리 저, 안현모 역(2020), 『언제나 길은 있다』, 한국경제신문사.

자신의 장점이 무엇인지 너무나 잘 알고 있었던 오프리는 토크쇼를 한 첫날 리포터를 할 때와는 다르게 기운이 넘치고 신나고 재미나서 시간 가는 줄도 몰랐다고 회상한다. 사람들과의 공감 능력과 표현력이 뛰어난 그녀에게 토크쇼 진행은 리포터를 하며 사람들에게 흑인이라서 당한 수모, 지나치게 감정 표현이 세다는 비난을 모두 떨쳐버리기에 충분했다.

인성 천재는 "자신이 왜 살아야 하는지?", "나는 누구인지?", "내가 무엇을 해야 하는지?" 근본적인 질문을 던지고, 근본적인 질문에 답을 얻고자 자신을 처절히 들여다볼 줄 아는 사람들이다. 자신이 하는 일의 의미와 가치를 중시하는 사람들이다. 오프라 윈프리도 처참하고 우울한 어린 시절을 보냈지만 자신의 재능이 무엇인지 잘 알고 있었다. 아마도 독서와 명상을 통해서 내면근육이 단단하게 훈련된 탓인 듯싶다.

사연많은 어린시절이었지만 오프라 윈프리는 자신이 잘하는 것에 집중하면서부터 인생이 달라지기 시작했다. 미혼모, 비만, 마약, 가출과 자살로 일삼던 어린시절은 분명히 상처이긴 하지만 과거일 뿐이며, 현재의 오프라 윈프리에게는 오히려 불행한 지난 날 스토리가 그녀의 성공을 더욱 빛나게 해주고 있다. 어둠 속에서 빛이 더 잘 보이듯이 말이다.

04 위대한 지도자
링컨

■ 자신의 단점까지 매력적으로 어필했던 대통령

깡마른 인상의 링컨은 미국의 제16대 대통령이다. 미국에서 가장 존경받는 대통령 중 한 명이다. 이유는 흑인노예해방을 통해 통합된 미국을 만드는 초석을 다졌기 때문이다. 불과 200년도 되지 않았지만, 피부색으로 신분을 구분하는 것이 마치 숨을 쉬는 것처럼 자연스러운 일로 여겨지던 시절이 있었다. 그러나 분열된 나라를 통합하고자 노예제 폐지에 소신을 굽히지 않았다.

사업의 실패, 7번의 낙선, 어린 시절 고된 노동과 역경으로 아버지를 원망할 수도 있었을 텐데, 오히려 어린 시절 힘들게 굴렀던 노동이 노동해방 사상을 품게 했을는지도 모른다. 자신의 아픈 경험을 통해 오히려 평등을 실천한 경우다. 개인적으로도 자신은 아버지에게 좋은 환경과 사랑을 받지 못했으면서도 자신의 아들들에게 매우 자상하고 친절한 아버지로도 유명하다. 그의 못생기고 깡마른 외모에 대해서도 "저한테 얼굴이 하나 더 있다면 잘생긴 얼굴로 나왔지 이 얼굴을 하고 다니겠습니까?" 할 정도로 유머와 위트로 대응하는 여유도 가지고 있다. 자신의 단점을 인정하니 링컨의 못생기고 깡마른 외모는 더 이상 문제가 되는 것 같지 않았다.

링컨은 대통령 집권 시 사람들에게 직접 의견을 듣는 '열린 목욕'이라고 불리는 시간을 가졌는데, 방문객 중 흑인 지도자 프레더릭 더글라스는 대통령과 몇 번 면담을 하면서 정말 감명을 받은 것은 그가 유색 인종에 대해서 그 흔한 편견을 하나도 갖고 있지 않다는 점이었다고 한다. "링컨은 이 나라에서 내가 피부색이 다르다는 점을 단 한순간도 의식하지 않은 채 자유롭게 이야기할 수 있었던 첫 번째 사람이었죠"라고 말하기도 했다.

인성 천재는 에고의 나보다 대아 자아의 모습을 더 많이 가진 사람들이다. 나보다는 세상을 위한 사랑과 헌신이 큰 사람들이다. 링컨도 자신의 단점과 고난으로 인한 상처와 아픔을 오히려 사랑과 유머로 승화함으로써 그의 정치는 세상에 밝은 빛을 더했다.

위대한 위인들의 삶이 모두 비슷하겠지만 나보다는 우리를 생각할 줄 알고, 역경 속에서도 이를 이겨내고 좋은 방향으로 삶을 이끌어내는 실천력은 인성지능이 높은 사람들의 특징과 유사하다. 인성 천재는 문제점을 보기보다, 문제해결을 위한 실천력이 강한 사람들이기 때문이다.

이처럼 나랏일을 하는 정치인에게 인성지능은 중요한 덕목이다. 그러나 우리 현실 정치는 도대체 누구를 위한 정치를 하는 것인지, 그들만의 에고 싸움에 일반 국민들의 정신적 피로는 극심하다. 인성지능이 높은 정치인, 리더가 많이 배출될 수록 분명 세상은 더 살기 좋아질 것이다.

링컨의 게티즈버그 연설을 다시 한번 떠올려본다. "국민의, 국민에 의한, 국민을 위한 정부는 이 세상에서 사라지지 않을 것입니다(Government of the people, by the people, for the people, shall not perish from the earth)." 피살로 불행한 삶을 마감했지만 세상의 모든 사람은 평등하고, 국민 다수를 위한 그의 정치적 철학이 세삼 더 감동스럽게 다가오는 요즘이다.

05

나눔과 베풂을 실천하는 배우 최수종

■ 대중의 사랑을 나눔으로 보답하는 착한 연예인

최수종은 1987년 데뷔하여 청춘스타부터 나이 50의 중년 배우까지 대중으로부터 꾸준한 사랑을 받고 있다. 최근에는 아내 하희라와 자녀에 대한 사랑꾼으로도 이목을 끌고 있다.

봉사를 실천하는 연예인과 유명인은 넘쳐나지만 최수종을 대표적으로 소개하는 이유는 『9번째 지능』이라는 저서와 KBS <세상을 바꾸는 9번째 지능>에서 인성지능 테스트 결과 실제 90점 이상의 탁월하게 높은 점수를 받은 대표 연예인으로 소개된 점과 10여 년 전부터 봉사하는 삶을 묵묵히 실천해 왔기 때문이다.

제작진과 연구진 자문을 통해 인성지능에 대한 설문지를 『9번째 지능』 저서에서 최초로 개발하고 소개하고 있으나, 공식 검사지는 아니며, 점수 합산 방식에 대해서는 비공개로 되어 있다.

---

* KBS 제작팀 이소윤, 이진주(2015), 『9번째 지능』, 청림출판.

이런저런 생각 돛단배 2

<인성지능에 해당되는 "9번째 지능"에서 공개한 9번째 지능 설문지>

1. 사람들이 당신을 이야기하기 편한 사람으로 보는가?
2. 평소에 친하지 않은 사람이라도 도움을 청했을 때 도와준 적이 있는가?
3. 자원봉사나 재능기부, 비영리 활동에 쓰는 시간이 1년에 30일 이상 되는가?
4. 현재 당신에게는 당신이 받는 것 이상으로 기꺼이 주고 싶은 사람이 있는가?
5. 과거에 당신이 돕고 싶었지만 그렇게 하지 못한 사람이 있는가?
6. 당신은 대화하기 곤란한 주제에 대해서도 친한 사람들과 솔직하게 이야기를 나누는 편인가?
7. 당신은 주변 사람들의 삶에 적극적으로 관심을 갖고 있는가?
8. 지역사회나 시민의 문제에 적극적으로 관심을 갖고 있는가?
9. 우리 사회의 정의가 당신에게 중요한 문제인가?
10. 죽음이라는 주제가 당신을 불안하거나 당황스럽게 하는가?
11. 당신은 동질감이나 일체감을 느끼는 공동체가 있는가?
12. 당신의 생명을 어떤 사람들이나 목적을 위해 희생할 수 있다고 생각하나?
13. 어떤 집단에서 지도자로 인정받은 경험이 있는가?
14. 당신은 기존의 관습이나 관행을 뛰어넘어 일해 본 적이 있는가?
15. 당신의 비전이나 이상으로 인해 개인과 단체의 유익에 해가 간다면 당신은 포기하는 편인가?
16. 당신은 자신이 소중하게 생각하는 신념이나 가치를 위해서 다른 사람들의 반대를 무릅쓰고 주장을 펼친 적이 있는가?
17. 최근 1년 사이에 삶이 무의미하다고 느낀 적이 있는가?
18. 나의 외부에 어떤 초월적인 힘이 있다고 의식하며 사는가?
19. 당신은 삶이 만족스럽다고 느끼는 순간이 자주 있는가?
20. 오늘 당장 죽더라도 당신의 삶이 나름 가치 있었다고 생각하는가?

최수종은 해외봉사, 재능기부 등 남을 도울 일이 생기면 외면하지 않고 적극적으로 참여하고 있다. 최수종이 사랑을 실천하는 삶을 사는 이유는 언제부턴가 연기를 숙명처럼 여기고 최선을 다했을 뿐인데 너무나 과분한 사랑을 받는다는 생각이 들면서, 연기자의 삶이란 자기 것이 아님을 깨닫게 되었다고 한다. 사람은 어차피 죽을 때 빈손으로 가는 것이고 자신을 사랑해 준 세상과 얼굴도 모르는 팬과 이웃을 위해 뭔가 보답하기 위해 "사랑에 대한 세금"이라는 마음으로 기부와 나눔을 실천하고 있다고 하였다.

인성 천재는 나눔과 봉사를 통해 내가 속한 공동체에 기여하는 사람들이다. 자신의 일을 숙명으로 알고 일하는 것과 사랑을 실천하는 나눔과 봉사는 인성지능이 높은 사람들의 삶의 방식이다. 최수종도 자신의 일을 숙명으로 알고 최선을 다해 성실히 임해 왔을 뿐만 아니라, 세상에 다시 자신이 받은 사랑을 나누고 베풀면서, 자신과 자신이 속한 공동체를 더 가치 있게 만들어가고 있으니 인성 천재의 대표 인물로 손색이 없어보인다.

06 세상에 대한 순수한 호기심
안나와 크루엘라

■ 디즈니의 주인공 겨울왕국의 "안나"와 패션 천재 "크루엘라"

디즈니 만화와 영화에 많은 사람들은 열광한다. 꿈과 사랑이 담긴 환상을 디즈니 세상 속에서 맛볼 수 있기 때문일 것이다. 디즈니뿐만 아니라 대부분 영화나 만화의 주인공들에게는 공통점이 있다. **캐릭터 하나하나 사랑스러움과 그 매력은 다양하겠지만 세상에 대한 순수함과 도전 정신이다.**

겨울왕국의 안나는 밝고 명랑하고 적극적이며 순수한 호기심으로 새로운 것을 배우고 도전하는 것을 좋아한다. 안나는 열린 마음으로 사람을 받아들이고, 문제해결을 위해 모험을 마다하지 않는다. 결국 안나는 언니 엘사와 아렌델 왕국을 구하고 영웅이 된다.

디즈니 영화 주인공 크루엘라도 불행한 유년기 시절 속에서도 패션에 대한 열정으로 패션계의 최고 자리까지 올라가게 된다. 도둑질과 백화점에서 허드렛일을 하면서도 패션에 대한 열정 만큼은 천재적이었기 때문이다. 패션계에서 최고가 되기 위한 도전과 패션에 대한 열정이 없었다면 매력적인 캐릭터로 기억되지는 않았을 것이다.

〈겨울왕국(2014), 겨울왕국2(2019)〉*

안나-1820년 6월 21일생, 아렌델의 공주에서 여왕이 됨,
마음이 따뜻하고 순수한 호기심과 도전 정신이 넘치는 사랑스러운 공주

---

* 네이트 뉴스, < '겨울왕국2 감독' "안나·엘사 자매, '합심 도전' 보여주고 싶었
다">, 2019.11.25. https://m.news.nate.com/view/20191125n21798?mid=e03

크루엘라(2021)*

꿈을 이루기 위해 도전하는 패션계의 천재 크루엘라 스토리

---

* 동아일보, <'크루엘라', 엠마 스톤의 파격 변신… 런던을 발칵 뒤집은 패션 아이
콘>, 2021.05.03. https://www.donga.com/news/Culture/article/all/20210503/10
6744758/1

인성 천재는 단순히 마음이 착한 사람이 아니다. 인성지능이 높다는 것은 세상에 대한 순수한 호기심과 열정으로 도전하는 사람들이다.

우리는 삶이라는 나만의 장편영화를 배경으로, 세상에 둘도 없는 "나"라는 캐릭터를 만들어가고 있다. 삶이라는 장편영화는 유동적이기 때문에, 안나와 크루엘라처럼 순수한 호기심과 도전정신이 넘치는 주인공 캐릭터로 살아 갈수도 있고, 지루하고 누구와도 쉽게 대체 가능한 조연이나 엑스트라역으로 살아갈 수도 있다. 현실은 안나처럼 공주도 아니고 크루엘라처럼 패션 천재는 아닐지 몰라도, 어떤 주인공 못지않게 순수한 호기심으로 도전하고 모험하는 인생 천재의 삶은 살아갈 수 있다.

단, 인성 천재로 살기로 마음만 먹는다면….

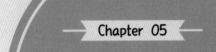

Chapter 05

인성 천재 도전기(실천 편)

이

감사와 사랑의 감정 찾기

■ 인성 천재의 기도법

우리는 습관적으로 힘들거나 문제가 생기거나 강렬히 원하는 것이 있으면 수시로 기도를 한다. 종교인은 당연히 교회나 절에서 형식을 갖춘 기도를 하겠지만 어렵고 힘든 일이 있을 때마다 종교와 상관없이 우리는 "하느님 아버지"와 "부처님"을 애절하게 번갈아가며 부르며 기도를 한다. 여기서 하느님 아버지와 부처님은 종교적 성격이라기보다 "절대자", "신", "누군가"에 대한 하소연의 성격을 띤다.

그러나 기도에는 엄청난 힘이 사실 숨겨져 있고, 인성 천재들은 기도의 힘을 일상에 끌어들이는 매우 지혜로운 사람들이다. 그렉 브레이턴의 『절대 기도의 비밀』에서도 언급되었듯이 기도는 언어가 아니라 느낌이라는 것이다. 느낌으로 하는 기도, 이것이

인성 천재가 하는 기도법이다.

종교인이 아닌 일반인들 중에서 기도할 때 가장 많이 사용하는 언어가 무엇인지 아는가? "도와주세요!" 혹은 "용서해 주세요!" 혹은 "~ 되게 해 주세요" 혹은 "~을 원합니다"와 같이 죄책감이나 욕망이 주 감정이 되어 기도를 하게 된다. 그러나 불행히도 이러한 기도는 자신의 불안한 감정, 부족함을 더 증폭시키는 기도가 된다.

감정은 에너지이기 때문에 불안한 감정과 부정적 언어 사용은 낮은 주파수가 진동하게 되고, 그와 유사한 혹은 동일한 것들을 오히려 현실로 끌어당기게 되는 것이다. 그렇기 때문에 기도할 때는 마치 내가 원한 것을 이미 가진 것과 같이, 문제가 해결된 홀가분한 기쁨의 감정으로 기도를 한다면, 높은 주파수의 진동을 불러오고, 기도가 이뤄지는 기적이 삶으로 들어오게 된다.

인성 천재는 기도할 때, 없는 것보다 사소하더라도 이미 내가 가진 것을 향해 "감사합니다", 그리고 힘들고 어려운 사람들을 향해서는 "사랑합니다"와 같이 사랑과 감사한 마음을 담아 기도를 한다. 이서윤과 홍주연의 『더 해빙』이라는 책에서도 소비를 하고 돈을 썼다는 죄책감과 후회하는 마음에서 벗어나 가진 것에 감사하고 풍요에 초점을 두는 "더 해빙 기법"을 소개하며 이것이 바로 풍요의 법칙이라고 설명하고 있다.

이 책은 영미권을 비롯한 21개국에 수출된 책으로, 부와 행운을 끌어오는 "더 해빙 기법"을 소개하고 있다. 자신의 감정을 없음이 아닌 가짐에 초점을 두고, 자신을 괴롭히는 불안한 감정에서 벗어나 진정으로 원하는 삶을 살도록 도움을 주는 책이다.

---

* 이서윤, 홍주연(2019), 『the having』, Ballantine Books.

감사와 사랑은 높은 주파수의 좋은 에너지를 가지고 있는 감정이기 때문이다. 이때 꼭 언어를 사용할 필요는 없다. 사랑과 감사하는 마음이 담긴 따뜻하고 편안한 감정과 느낌이면 족하다. 기쁨과 좋은 감정은 몸과 마음 그리고 나의 환경까지 건강하게 만들고, 이런 나의 건강한 상태는 주변인들에게 친절과 배려를 할 수 있는 마음의 여유를 가지게 해 준다.

지치고 힘든 하루를 보냈더라도, 억울하고 슬픈 일을 당했더라도, 나의 감정은 내가 조절할 수 있기 때문에 상황에 의해 나의 감정을 모두 내주지 말고, 기도를 통해 감정을 관리하는 것은 나와 나의 주변을 살리는 기도이다. 인성 천재는 자신의 감정을 다스릴 줄 아는 지혜를 가지고 있는 사람들이기 때문이다.

02 명상을 통한
제로 포인트 만나기

■ **명상을 통한 감정 청소**

명상은 생각을 잠재우고 고요함 속에서 나의 본질인 참나를 만나기 위함이다. 약이 오르고 화가 치밀고 걱정과 근심이 많은 상태는 고통스럽고 힘겨운 상태이며, 이런 상태는 에너지가 낮은 상태로 오래되면 자신을 파멸까지 이르게 할 수 있다. 인간은 누구나 대아 자아라고 하는 선한 본성을 가지고 있기 때문에, 이를 발견하는 것이 중요하다. 그러나 지친 일상 속에서 외부 환경에 치이다 보면 대아 자아의 존재를 잊고 살아가게 된다.

명상은 생각을 비우는 것이고, 아무것도 하지 않고 자연스러운 본연의 상태로 가만히 있는 것이다. 생각이 비워지면 영점장이라고 하는 제로 포인트를 만나게 된다. 어떤 저항도 없는 자리, 마음과 생각의 쓰레기가 청소되는 지점인 것이다.

저자 천시아는 자신의 생성과 소멸의 신비를 담고 있는 우주의 메커니즘과 구조를 제로 시스템이라 이름 붙이고, 명상을 통해 제로 포인트에 도달하면, 제로의 법칙 속에서 원하는 삶을 창조할 수 있게 된다고 하였다. 명상의 목표는 의식을 내 의지에 따라 사용하기 위함이다.

* 천시아(2020), 『제로』, 젠북.

내 방의 책상도 청소를 안 하면 어떻게 될까? 산만하고 집중하기 어렵고, 잡동사니와 먼지 속에서 일의 능률도 떨어지며, 비위생적인 환경은 건강을 위협하기도 한다. 명상은 생각을 비움으로써, 순수한 사랑의 마음을 갖고 있는 나를 저절로 느끼고 만나는 시간이다.

명상은 나의 라이프스타일에 맞게 누구나 손쉽게 할 수 있다. 명상을 너무 거창하고 어렵게 접근하고 있다면 그건 당신에게 맞지 않는 방법이며 꾸준히 실천하기도 부담될 것이다. 눈 뜨자마자, 혹은 잠들기 직전 15-30분씩 명상을 한다든지, 낮에 누군가를 기다리면서 예기치 않게 여분의 시간이 주어졌을 때, 출퇴근 때 운전하면서 등 고요한 침묵의 시간을 통해 나의 내면으로 들어갈 수 있게 된다. 이때 내면으로 집중을 위해서 조용한 음악을 들어도 좋고, 숫자를 세거나 호흡에 집중하는 방법이 있다. 기분이 상기된 상태라면 의식적으로 에너지를 배 쪽, 배꼽 아래로 쓸려 보내듯이 의식을 가져가면 보다 빨리 고요함과 차분함을 느낄 수 있게 된다.

명상은 중요한 미팅이나 회의를 앞두고, 너무 지치고 힘든 일 처리를 하고 나서 지친 몸과 마음을 치유하기 위해서 어떤 휴식보다 편안한 시간을 내게 주는 것이다.

어떤 저항도 없는 시공간에서는 무한한 에너지와 정보를 받아들일 수 있기 때문이다. 당신이 하는 일들이 우주의 섭리에 맞는 일이라면 명상을 통해 좋은 에너지를 얻게 되고, 하고자 하는 일도 술술 풀리게 된다.

　인성 천재는 환경과 조화를 이루며 주변 사람들의 지지 속에서
도 성과를 내는 사람들이다. 명상을 통해 감정을 청소하고 에너지
를 축적하고 바르게 쓸 줄 아는 지혜가 있는 사람들이다.

03

≋

걷고
달리기

■ **걷거나 달리거나-세로토닌 팍팍!**

건강한 신체에 건강한 정신이 오는 것은 바늘과 실과 같은 원리다. 유산소 운동을 하면 세로토닌과 같은 신경전달물질이 분비되면서 기분이 좋아지게 된다. 러닝머신에서 걷거나 뛰는 것도 좋지만 집 앞 공원과 같이 자연 속에서 걷거나 뛰는 것은 더 좋다. 자연이 내뿜는 에너지 속에서 인간은 치유받고 힐링되기 때문이다.

<포레스트 검프>라는 유명한 영화 속 주인공 검프는 제니라는 여자 친구에 대한 그리운 마음을 달래기 위해서였을까, 달리고 또 달렸고, <달려라 하니> 만화 속 주인공 하니도 엄마가 그리울 때마다 달리기를 했다. 이들은 영화와 만화 속 주인공답게 달리기로 영웅이 되기도 하지만, 이들이 달리는 데는 솔직히 어떤 계산도 없었다. 마음을 달래기 위해 달리기 시작했던 것이다.

인성 천재는 결과보다는 과정에 의미를 두며, 의미 있는 과정이 결과적으로 보면 좋은 성과를 내는 경우가 많다. **"포레스트 검프"와 "하니"**처럼 말이다.

우울하고 힘든 감정으로 마음이 힘들 때 걷다 보면 혹은 달리다 보면 우울함은 어디론가 사라지게 된다. 우울하고 힘들 때마다 술을 마시거나 게임을 하고 텔레비전을 보면서 스트레스를 풀 수도 있겠지만 이왕이면 몸도 건강해지는 방법을 택한다면, 금상첨화일 것이다.

우울하고 속상할 때, 하루를 시작하며 혹은 마감하며, 건강한 신체를 위해서 인성 천재처럼 걷거나 달려보자. 비록 영화 속 주인공은 아니지만 우리 모두는 내 인생의 주인공이니까…

*

1994년 개봉작 〈포레스트 검프〉, 사회의 편견과 괴롭힘 속에서 달리는 삶을 선택한 따뜻하고 순수한 마음을 지닌 포레스트 검프의 이야기.

---

* 비즈엔터, <포레스트 검프 '아카데미6관왕' … 진정한 삶의 가치와 의미를 제시하는 감동 바이블> 2020.2.15. http://enter.etoday.co.kr/view/news_view.php?varAtcId=174951

이런저런 생각 돛단배 2

[*]

1989년작 애니메이션 〈달려라 하니〉, 아빠에 대한 배신감과 엄마에 대한 그리운 마음을 달래고자 달리는 하니, 육상선수로 인생역전을 이룬 주인공.

---

* 나무위키, 〈달려라 하니〉, 최종 수정 2021.07.28. https://namu.wiki/w/%EB%
8B%AC%EB%A0%A4%EB%9D%BC%20%ED%95%98%EB%8B%88

04

~~~

상상의
힘 키우기

■ 상상의 힘, 배려와 공감 능력

세계적인 판타지 소설 해리포터가 어떻게 탄생했는지 아는가? 작가 조앤 롤링의 무료함을 달래기 위한 상상에서 시작되었다. 조앤 롤링이 맨체스터에서 런던 부모님 집으로 가던 중 시골 한복판에서 무려 4시간이나 기차가 정차하게 되었다. 이때 조앤 롤링은 무료함을 달래기 위해 상상에 잠겼다. 기차역이 배경이 되면서 자신이 마법사인지도 모르고 마법사 학교에 가게 된 소년의 이야기가 시리즈로 탄생한 것이다.

기분이 울적하거나 무료할 때, 상상의 힘을 빌려보는 것은 어떨까? 장거리 여행 기차나 비행기 안에서 혹은 은행에서 순번을 기다려야 하거나 예기치 않게 누군가를 기다려야 하는 상황이 생겼을 때, 짜증을 내고 화를 내기보다 상상의 힘을 이용해 상상 놀이를 해보는 것은 어떨까? 무료함이 짜릿함으로 변하게 되는 묘한 경험을 하게 될 것이다.

이런저런 생각 돛단배

이곳은 조앤 롤링이 유모차를 끌고 나와 원고를 썼던 집 근처 카페 "앨리펀트 하우스"이다. 앨리펀트 하우스 입구에는 '해리 포터의 탄생지(Birthplace of Harry Potter)'라 쓰여 있다.

---

* 나무위키, <J. K. 롤링>, 최근 수정 2021.08.01.
  https://namu.wiki/w/J.%20K.%20%EB%A1%A4%EB%A7%81

최후의 만찬을 그린 천재 화가 레오나르도 다빈치야말로 상상
놀이의 대가다. 다빈치가 어느 날 바티칸에서 그림을 그리는 도중
그림 발판 위에서 잠시 졸고 있었다고 한다. 추기경들이 지나가다
졸고 있는 다빈치를 깨우고 주의를 주자 다빈치는 이렇게 말했다.
"나는 눈을 뜨고 있을 때보다도 잠자고 있을 때에 더 일을 많이
합니다." 그는 실제로 잠을 자는 동안 그리고 싶은 모든 것을 그
리고 칠했으며, 잠에서 깨어나서 꿈에서 본 그대로 그림을 그렸다
고 한다. 이미 한 번 꿈속에서 본 것이기 때문에 손쉽게 재현해
내었다고 한다. 그만큼 다빈치는 자신의 상상력에 아름다움을 부
여하고자 한 천재 예술가이다.

상상의 힘을 통해 자신의 감정을 다스리는 것은 생활에서 실천
할 수 있는 매우 손쉽고도 간단한 방법이다. 마음 상하는 일이 있
었다고 해서, 언제까지 울적하고 좌절해 있을 것인가? **인생의 운
명은 정해진 것이 아니고 개인의 선택에 의해 얼마든지 변할 수
있다. 좋은 선택은 좋은 감정에서 나온다. 좋은 감정이라는 것은
복수, 분노, 우울, 화와 같은 감정이 아닌 인간 본연의 선함이 있
는 평안하고 고요한 상태의 순수함이다. 상상은 때때로 개인의 선
한 본성과 순수함을 지켜주는 도구가 되기도 한다.**

상상력은 인간만이 가진 정말 멋진 도구다. AI시대가 되면서
인공지능에게 일자리를 위협당하고 있는 현실이다. 단순 노동의
감소는 물론, 기계가 오히려 더 잘 해내 일은 인공지능으로 점점
교체될 것이다. 2090년 소수의 사람만이 인공지능을 지배하는 삶

을 살게 되고 나머지 99.99%는 프레카리아트(Precariat) 계급으로 살아간다고 예측한 서울대 공대 유기윤 교수의 연구 결과는 먼 미래의 일이지만 그래도 섬뜩하기만 하다. 이런 연구 결과만을 보더라도 인공지능과 인간이 경쟁하는 구조는 답이 아니며, 인간과 공생하면서 인공지능을 유용하게 활용할 때 진보된 기술은 더 가치 있고, 인간의 삶은 더 윤택해지게 될 것이다.

제4차 산업시대의 진보된 기술은 인간에게 마치 경고하는 듯하다. 가진 자는 덜 가진 자들의 부족함과 고통을 헤아리고, 아픈 사람과 힘든 사람을 보면 불쌍히 여길 줄 아는 공감 능력이 있을 때, 기술을 제대로 활용할 수 있을 것이라고 말이다. 우리는 지금 더더욱 인간의 상상력, 도덕적 상상력이 필요한 시기다. 내가 지금 내린 결정이 세상을 더 좋은 방향으로 흘러가게 하는 것인지 상상하고 행동해야 할 것이다. 당장의 나의 이익과 임시방편은 더 큰 부메랑이 되어 나의 뒤통수를 치고 주변 사람을 힘들게 할지 모른다. 남의 입장이 되어 생각해 보는 배려와 따뜻함은 인간이기 때문에 가능한 것이다. 때론 억울하고 손실이 있더라도 우리는 우리가 사랑하는 사람을 위해 기꺼이 헌신하기도 한다. 감히 인공지능이 따라 할 수 없는 따뜻한 마음의 힘이고 인간이 지닌 매력이다.

코로나19 팬데믹으로 전 세계는 많은 변화를 겪게 되었다. 성실함과 유능함을 무조건 얼굴 도장을 찍어야 인정받던 과거의 충성 문화는 지금 오히려 위험한 독이 되었다. 몸살 기운이나 열이 있으면 학교나 회사에 나가지 않고 집에서 공부하고 일하는 것이 오히려 동료와 학우를 배려하는 것이다. 회사 동료가 전날 동네 PC방에서 새벽까지 신나게 게임을 했다가, PC방에서 하필이면 코로나19 확진자가 발생하여, 방문자 모두에게 코로나19 검사요청 문자를 받았을 때, 회사에 당연히 자초지정을 보고하고 코로나19 검사를 받아야 마땅하다. PC방 간 사실이 동료들에게 알려지는 것이 수치스럽다고 생각할 수도 있겠지만 개인적 수치심보다 더 중요한 것이 무엇인지 판단할 수 있도록 하는 것이 도덕적 상상력이다.

인성 천재는 인간만이 지닌 역량인 상상력을 기반으로 사람들과 소통하고 배려하는 공감능력이 뛰어난 사람들이다. 상상하는 만큼 세상은 진보해 왔고 변화해 나갈 것이다. 인성 천재들처럼 우리는 진보된 기술 위에 도덕적 상상력을 마음껏 키워 나가야 할 것이다.

05

≈≈≈

나만의 모닝
루틴 만들기

■ 행복한 하루 시작의 비결

어린 시절 다음 날 아침이 빨리 왔으면… 하고 설렘 속에 잠들었던 적이 한두 번은 있을 것이다. 소풍 가기 전날, 크리스마스이브날, 생일파티 전날 등 다음 날 아침을 기다리며 잠들던 순수한 어린 시절의 추억은 성인이 된 지금도 여전히 달콤한 기억으로 남아 있다.

하지만 어른이 되어 버린 성인의 아침은 어떠한가? 시험과 입시를 앞둔 고등학생의 등굣길은 어떠한가? 마치 좀비 같은 모습으로 출근하는 직장인들의 모습은 마치 지옥으로 끌려가는 듯한 인상을 받기도 한다.

출근하는 직장인과 등교하는 중고생들에게도 가출한 영혼을 불러오는 방법이 없을까? 어린 시절로 다시 돌아갈 수는 없지만, 매일 시작되는 아침이 즐겁고 기다려진다면, 살 만한 것 아닌가? 매일 아침이 기적처럼 설레고 기분 좋다면, 그날 하루를 기분 좋게 보낼 확률이 높고, 하루는 일주일, 한 달, 결국 그 사람의 인생이 된다. 무엇이든 중요한 것은 단순하고 간단한 것 같다.

기적의 아침을 맞이하려면 아침에 일어나면 내가 하고 싶은 것을 할 수 있다는 기대감이 있어야 한다. 향기 좋은 원두커피를 직접 갈아서 마신다든지, 가장 좋아하는 음악을 한 곡 듣는다든지, 운동 후 샤워하면서 쾌감을 느낀다든지, 책을 본다든지, 모닝페이퍼를 작성해 본다든지 등, 내가 좋아하는 것을 할 수 있는 아침이어야 한다.

아침을 활기차게 시작하는 사람은 그 날 하루가 대부분 활기차다. 인성 천재는 자신의 감정을 잘 다스리는 것과 동시에 자신의 일에 의미를 발견하고 최선을 다하는 사람들이다. 인성 천재뿐만 아니라 성공한 많은 사람들이 아침과 새벽 시간을 잘 활용하여 기적 같은 삶을 만들어낸 많은 사례가 있다. 새벽에 일어나는 김유진 변호사는 현재 유투버로도 활동하면서 『나의 하루는 새벽 4시 30분에 시작한다』라는 책을 내기도 했으며, 애플의 CEO 팀쿡은 새벽 3시45분에 일어나서 하루를 시작하고, 전 스타벅스 CEO 하워드 슐츠도 새벽 4시30분에 일어나서 커피를 끓이는 것으로 하루를 시작하고 있다. 또한, 할 엘로드의 저서 『미라클모닝』은 아마존 종합 베스트셀러 1위를 기록하기도 하였고, 웨이슈잉의 『하버드 새벽 4시 반』이라는 책에서도 성공하는 시간활용 습관에 대해서 알려주고 있다. 성공한 많은 사람들이 아침형 인간인 것은 사실이다. 하지만 아무리 유명인들이 아침형 인간이라도 내가 하루아침에 아침형 인간이 되기는 쉽지 않다.

비결은 매일 저녁 내일 아침이 기다려지는 나만의 모닝 루틴을 만들고 습관이 되도록 해야 한다. 아침과 새벽이 나의 시간이 된 사람들은 아무에게도 간섭받지 않는 주도적 시간관리가 결국 성공적 삶의 원동력이 된 것이다. 개인마다 라이프스타일이 다르지만 아침이든 새벽이든 자신이 주도적으로 쓸 수 있는 시간이 바로 성공의 비결이었다.

이런저런 생각 돛단배

미라클 모닝은 아침 일찍 일어나서 나만의 루틴에 의해 운동, 공부, 독서 등을 하는 것을 말한다. 미라클 모닝 챌린지가 인기를 끌면서 인스타그램 태그만 30만 건이 될 정도로 '미라클 모닝' 열풍이 뜨겁다. 루틴한 모닝 일상이 불확실성을 줄여주면서 특히 20, 30대의 열풍을 불러왔다.

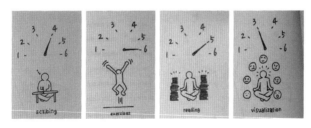

〈책 내용 중 일부〉

---

* 할 엘로드 저, 김현수 역(2016), 『미라클모닝』, 한빛비즈.

06 잦은 시도와 실패로 행운 불러오기

■ 다양한 기회와 변화가 주는 힘

미국의 직업심리학자 크롬볼츠의 대표 서적으로 『Luck is No Accident(행운은 우연이 아니다)』와 『Fail Fast, Fail Often(빠르게 자주 실패하기)』은 실천력과 열린사고로 성공적 커리어를 이루어 낸 다양한 사례를 담고 있는 책이다. 실패를 피하기 위해 조심하고 분석하고 생각하고 또 생각하다 보면 기회를 놓치거나 너무 구속당한 삶을 살아가게 될지도 모른다. 좀 어설프고 완벽하지 않다고 하더라도 행동으로 옮기는 것은, 아무것도 하지 않고 움츠려 있는 것보다 오히려 안전할지도 모른다. "실수를 한다고 죽는 것도 아닌데…"라는 배짱이 작은 기회를 불러오고 그 기회가 행운이 된 사례는 넘치고 넘친다. 크롬볼츠는 예기치 않은 우연의 계기로 커리어가 형성되는 경우가 80% 정도나 차지한다고 하였다. 행동으로 옮기는 시도와 같은 우발적 경험이 성공적인 커리어를 만드는데 중요한 요인이 된다는 것이다.

인성지능이 높은 사람들은 주도적인 삶을 살아가는 사람들이다. 결과보다는 과정에 충실하며, 과정을 통해 기쁨과 보람을 느낀다. 인성 천재들은 너무 논리적이고 비판적으로 계산하고 행동하고 시도하기보다는 그냥 좋아서, 재미날 것 같아서 등 가슴이 시키는 일에 충실한 사람들이다.

잦은 시도는 아마도 잦은 실패와 인연을 불러올 것이다. 행운은 아무것도 시도하지 않는 사람에게는 찾아오는 법이 없다. 행운은 사람과 함께, 변화와 함께 오기 때문이다.

당신에게 도움을 요청해 오는 사람이 있으면, 도움을 주자. 당신에게 무언가를 권유하고 정보를 주는 사람이 있다면, 귀담아 듣고 행동에 옮겨보자.

아무 기대 없이 한 행동이 행운의 감투를 쓰고 다가오고 있을지 모를 일이다. 슈베르트가 운은 신이 준 선물이라고 했던 것처럼 말이다.

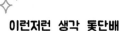

이런저런 생각 돛단배

너무 완벽한 삶을 살아내려고 고군분투하는 건 아닌지? 실패해도 괜찮다. 실패를 통해 성공을 배울 수 있기 때문이다. 경직되고 강박적인 삶은 고루하고 지친다. 작은 행동이 행운이 되어 돌아올지도 모른다. 시도하고 도전하는 삶은 아름답다.

---

* John Krumboltz & Ryan Babineaux(2013), Fail Fast, Fail Often, A Peuguin Random Company.

07 현재, 지금에 집중하기

■ 몰입이 주는 즐거움

열심히 사는 것은 어떻게 사는 것을 의미할까? 잘 살다는 건 또 무엇일까? 공동체 집단문화가 강한 우리나라는 어린 시절부터 옆 집 아이와 비교당하며 사는 것에 익숙해져 있다. 내가 잘 살고 있는지를 나의 내면의 가치보다 외부 환경에 의해 판단하는 경향이 크다. 많은 사람들이 항상 걱정을 달고 살고, 무엇인가를 해야 할 것만 같은 불안감과 피로감이 크다. 걱정과 불안한 마음으로 살아가는 것이 집단지성에 의해 나도 모르게 당연한 것으로 훈련되고 세뇌당해 와서, 걱정과 불안감이 없으면 오히려 더 걱정되고 불안감이 느껴지기도 한다.

과거의 기분 나쁜 사건이 머릿속에 맴돌면서 밤잠을 설치기도 하고, 미래에 대한 기대감으로 현재를 희생하며 사는 날들이 참 많다. 과거의 나쁜 감정이나 생각은 부정적인 에너지를 불러오기 마련이고, 이미 지나간 일들이라 어찌할 수도 없는데 계속 생각하고 기분 나빠 하기를 반복한다. 현실의 불만은 미래에 대한 기대를 품게 만들고, 현재를 저당 잡히고 미래에 대한 기대감을 품고 현재를 버티는 이도 많다.

그러나 과거와 미래에 얽매여 있는 삶은 걱정과 불안 혹은 불만이 가득 찬 현재를 보내게 만든다. 부정적 감정은 현실의 상황에 더욱 부적응하게 만들고, 에너지는 계속 축나면서 정도가 심해지면 질병에 걸리거나 우울증으로 번질 수도 있다.

인성 천재는 현재에 충실한 사람들이다. 자신이 속한 환경에서 최선을 다하는 삶을 살려고 하는 사람들이다. 현재에 최선을 다하며 그 안에서 의미를 찾아내고 결과보다 과정에 집중하는 사람들이다. 그러나 실제 생활에서 인성 천재라 하더라도 주어진 환경이 항상 만족스럽고 최선을 다하고 싶은 여건은 아닐 것이다. 지금 환경이 불만족스러울 때, 지금 있는 환경을 변화시키거나 바꾸면 되지만 그렇게 하지 못한 상황에서는, 받아들이고 그 상황에서 최선을 다하는 것이 좋다. 현재에 충실하다는 것은 과거의 생각에 얽매이거나 미래를 위해 현실을 저당 잡히는 삶은 아니다.

바로 지금, 순간에 집중하고 몰입하는 삶은 인생의 많은 문제를 순조롭게 해결할 수 있는 비결이다. "카르페 디엠(Carpe Diem!)"은 지금 이 순간을 살아야 한다는 라틴어로 영화 "죽은 시인의 사회"에서 키팅 선생이 학생들에게 자주 외친 말로도 유명하다. 지금 여기가 바로 모든 것을 창조하고 해결할 수 있는 지점이며, 이

순간에 집중하는 것은 과거나 미래의 불필요한 감정과 에너지로부터 자신을 지킬 수 있다. 자신의 삶을 지금 당장 즐겁고 기쁜 마음으로 살아가는 것보다 더 중요한 것은 없다. 지금 이 순간의 나가 진짜 나이고, 순간의 나가 결국 밝은 미래를 만들어 가기 때문이다.

이 책에서는 지금 이 순간을 있는 그대로 받아들이는 깨달음에 관한 이야기다. "지금"과 "여기"에 자유와 평화가 있기 때문이다. 삶은 바로 지금이다. 지금이 아닌 삶이란 결코 존재한 적이 없으며, 앞으로도 결코 존재할 수 없다. 지금만이 유일하게 존재한다. 지금만이 존재하는 모든 것이다. 영원한 현재야말로 우리의 전체 삶이 펼쳐지는 무대이며 언제나 우리와 함께 남을 것이다. 어떠한 일도 과거 속에서 일어날 수는 없다. 과거의 일도 지금 속에서 일어난 것이다. 어떠한 일도 미래 속에서 일어날 수는 없다. 미래의 일도 지금 속에서 일어날 것이다.

---

* 에크하르트 톨레 저, 유일일 외 1명 역(2008), 『지금 이 순간을 살아라』, 양문.

08 감사노트 쓰기

■ 에너지 상승을 위한 가장 손쉬운 실천법

좋은 에너지를 끌어올리는 방법 중에 일상에서 가장 실천하기 좋은 방법을 소개하고자 한다. 돈이 드는 것도 아니고, 시간이 많이 걸리는 것도 아니며, 장소를 구애받지도 않고, 특별한 기술을 요하지도 않는다.

바로 감사노트(일기)를 쓰는 것이다. 방법은 노트에 써도 좋고, 핸드폰에 간단히 저장하는 형태도 좋고, 녹음을 해도 좋고, 컴퓨터를 이용해도 된다. 이왕이면 아침에 일어나서 하루를 시작하기 전과 하루를 마감하며 잠자기 전에 하는 것이 가장 좋겠지만, 시간과 방법은 자신의 라이프스타일에 맞게 얼마든지 적용할 수 있다. 감사의 힘은 사실 그 누구도 아닌 나 자신을 위한 것이다. 긍정의 에너지를 올리는 방법으로 감사하는 마음은 부정적 감정과 낮은 파동의 에너지를 개선하는 데 도움이 되기 때문이다.

감사하는 마음은 우리가 매일 식사를 하고 양치질을 하는 것과 같이, 습관적으로 감사할 대상을 발견하고 감사하는 마음을 갖는 것이 중요하다. 그러면 화가 치밀고 분노가 치밀 때도 감사할 수 있냐고 반기를 들 것이다. 사실상 감사할 일에 감사한 마음을 갖는 것은 너무나 당연하지만, 그렇지 않은 상황에서 감사한 마음이 어떻게 생기냐는 것이다. 그러나 감사한 마음을 갖는 것은 어떤 상황에서도 관점을 어떻게 두느냐의 문제다. 습관적으로 마음을 어떻게 관리하느냐의 문제인 것이다. 똑같은 상황에서도 감사할 거리를 찾아 감사한 마음을 갖는 사람이 있는 반면, 불평과 불만 거리만 눈에 담아서 짜증과 욕설을 하는 것에 익숙한 사람도 있다. 누군가를 마음속으로 미워하면 말로 표현한 것도 아니지만 그 사람을 만났을 때, 마치 나의 속마음을 다 아는 것처럼 상대방도 나를 경계하고 차가운 시선을 보내오는 것만 같다. 반면, 마음속으로만 감사한 마음을 품었을 뿐인데도, 그 사람들은 나에게 매우 호의적이고, 친절하며, 어떻게든 도움을 주려고 다가오는 경우가 많다. 감사의 마음은 눈에 보이지는 않지만 관계형성과 상황개선을 위한 어떤 처방책보다 파워풀하다.

　아인슈타인도 모든 물질, 생각까지도 에너지라 했으며, 최근 영국에서 개발된 디지털 에너지장 카메라에 의하면 육신을 둘러싼 몇십 배나 넓은 공간에 빛이 퍼져 나가고 있음을 알 수 있다. 내 에너지장에 밝은 생각이 많이 들어와 있으면 밝은 생각을 가진 사람들이 끌려와 밝은 일이 많이 일어나게 된다. 그렇기 때문에 눈에 보이는 육신의 나가 전부가 아니며, 감정과 생각도 에너지가 있음을 쉽게 이해할 수 있다.

이런저런 생각 돛단배

〈책 내용 중 일부〉

디지털 에너지장 카메라로 촬영한 인체 사진이다. 육신을 둘러싸고 빛이 퍼져 나가고 있으며, 빛은 여러 겹의 공간이 층을 이루듯이 보인다. 이는 공간마다 주파수가 각기 다르기 때문이다. 이처럼 나라는 존재를 육신의 공간 안에 국한할 수 없는 이유다. 깊은 사랑을 느낄수록, 마음이 열릴수록, 깊이 받아들일수록 빛이 한없이 퍼져 나감을 알 수 있다.

---

* 김상운(2016), 『왓칭 2』, 정신세계사.

인성 천재는 자신의 감정을 평안하고 안정적으로 유지하면서, 더불어 사는 사람들에게도 도움을 주고 이익을 주는 사람들이다. 인성 천재는 아마도 마음의 힘을 다룰 줄 아는 사람들인 것 같다. 마음을 다스린다는 것은 자신을 다스릴 줄 아는 것이기 때문이다.

감사와 사랑의 마음은 주파수가 높은 좋은 에너지다. 눈에 보이지는 않지만 좋은 에너지는 나와 나의 주변을 변화시키는 중요한 열쇠다. 매일 아침 눈을 뜨고, 자기 전 눈을 감으면서 감사한 마음을 갖는 습관을 갖는다면, 그 어떤 자기개발 습관보다 좋은 인생으로 변해 가는 자신을 발견하게 될 것이다.

09 하루 "1"
감동 주기

■ 나로 인해 기뻐하고 행복한 사람들

인간은 사회적 동물이다. 공동체 속에서 누구나 좋든 싫든 우리는 어떤 역할을 하며 살아간다. 부모로 자식으로 친구로 상사로 부하로 이웃으로 살아가며 울고 웃고, 누구 때문에 힘들어하다가도 또 그 누구로부터 무한한 위로를 받기도 한다. 그리고 우리는 내가 속한 조직의 일원으로서 인정받고 좋은 관계를 유지할 때 살맛이 난다고 생각한다.

인성 천재는 '우분투' 정신을 실천하는 사람이다. 우분투 정신은 당신이 있음으로 내가 존재한다는 것으로, 상대를 서로 배려하며 존중하는 마음을 엿볼 수 있다.

인성지능을 개발하기 위해, 하루에 한 번, 한 명 이상에게 어떤 것이든 상관없이 감동을 선사하는 것을 목표로 하면 어떨까? 동네 야쿠르트 아줌마에게 지나가며 정겹게 인사를 건네는 것, 무거운 짐을 들고 있는 사람을 보면 짐을 거들어 주고, 대중교통에서 힘들어하는 사람이 있으면 자리를 양보하는 것, 친구나 가족에게 전화로 안부를 묻는 것, 아침 일찍 출근해서 동료에게 커피를 타 주는 것도 좋다. 이처럼 일상에서 우리는 주변 사람에게 친절을 베풀고 작은 감동을 불러낼 일은 많다.

가족이나 동료 등 한 명 한 명을 상대방 입장에서 생각해 보고 혹시 필요한 말과 행동이 있다면, 내가 할 수 있는 범위 내에서 진심으로 행한다면 상대방은 분명 기쁨과 감사함을 느끼게 될 것이고, 다른 사람을 위한 언행이 오히려 내게 일상의 좋은 에너지가 되어 돌아오면서 행복감을 느끼는 횟수가 잦아질 것이다.

설령 나는 중요한 일을 하는 사람이고 바빠서 그런 작은 일에 신경을 쓸 여력이 없다고 핑계를 대고 싶다면, 그 중요한 일을 왜 하는 것인지, 무엇 때문에 그렇게 바쁘게 살아가는 것인지 생각해 볼 필요가 있다. 주변 사람들에게 그 중요한 일을 하는 나 자신을 위해 무리한 희생을 강요하고, 인색함과 옹졸함으로 주변 사람들을 대하고 있다면, 그건 내일을 위한 희생도 오늘을 위한 최선도 아니다. 잘못된 행동과 사고로 나와 주변 사람들이 고통 속에서 살고 있을 뿐이다.

지금 행복하고 지금 기뻐해야 한다. 무엇을 하든 어떤 상황이든 기쁨과 행복은 존재하기 때문이다. 오히려 그 중요한 미래의 큰일을 하려다가 정말 소중한 것을 잃게 되면 행복한 내일은 영원한 내일이 될 수도 있다.

신수림

서울대 농산업교육과 교육학(진로 및 직업교육) 박사
미국 NCDA 국제직업상담사 GCDF(Global Career Development Facilitator)

현)한국폴리텍대학 서울강서캠퍼스 상담심리 교양교수
현)한국진로교육학회 학생현장진로연구위원장

(경력) K대 입학사정관, 국내·외 아웃플레이스먼트 기업 커리어 컨설턴트, 한국
교육개발원 대학평가본부 위촉연구위원, 국내·외 Search Firm 컨설턴트, 미국 Parkland
Collage 방문교수를 역임함. 누군가의 (직업적) 성공을 이끌어 내는 것을 인생의 사명
으로 여기며 진로개발 및 직업교육 분야에 몸담아 오고 있음.

(기타) 잡해커의 비밀공간 블로그 운영(https://blog.naver.com/rarage4)

인 성 도
지능이다

초판인쇄 2021년 8월 31일
초판발행 2021년 8월 31일

지은이 신수림
펴낸이 채종준
펴낸곳 한국학술정보㈜
주   소 경기도 파주시 회동길 230(문발동)
전   화 031) 908-3181(대표)
팩   스 031) 908-3189
홈페이지 http://ebook.kstudy.com
E-mail 출판사업부 publish@kstudy.com
등   록 제일산-115호(2000. 6. 19)

ISBN 979-11-6801-132-8 93190